Técnicas de Imobilização do
TAEKWONDO

Como Aprimorar suas Vantagens Competitivas em Artes Marciais Mistas

Dr. Tony Kemerly e Steve Snyder

Técnicas de Imobilização do
Taekwondo

Como Aprimorar suas Vantagens Competitivas em Artes Marciais Mistas

Tradução:
Selma Borghesi Muro

MADRAS®

Publicado originalmente em inglês sob o título *Taekwondo – Grappling Techniques*, por Tuttle Publishing.
© 2009, Dr. Tony Kemerly e Steve Snyder.
Direitos de edição e tradução para o Brasil.
Tradução autorizada do inglês.
© 2011, Madras Editora Ltda.

Editor:
Wagner Veneziani Costa

Produção e Capa:
Equipe Técnica Madras

Revisão:
Jerônimo Pouças Feitosa
Maria Cristina Scomparini

Dados Internacionais de Catalogação na Publicação (CIP)
(Câmara Brasileira do Livro, SP, Brasil)

Kemerly, Tony
 Técnicas de imobilização do taekwondo : como aprimorar suas vantagens competitivas em artes marciais mistas / Tony Kemerly e Steve Snyder ;
 tradução Selma Borghesi Muro. -- São Paulo : Madras, 2011.
 Título original: Taekwondo grappling techniques.
 ISBN 978-85-370-0710-5
 1. Artes marciais mistas 2. Tae kwon do 3. Tae
kwon do - Técnicas I. Snyder, Steve. II. Título.
11-08718 CDD-796.8153

Índices para catálogo sistemático:
1. Taekwondo : Artes marciais 796.8153

É proibida a reprodução total ou parcial desta obra, de qualquer forma ou por qualquer meio eletrônico, mecânico, inclusive por meio de processos xerográficos, incluindo ainda o uso da internet, sem a permissão expressa da Madras Editora, na pessoa de seu editor (Lei nº 9.610, de 19.2.98).

Todos os direitos desta edição, em língua portuguesa, rervervados pela

MADRAS EDITORA LTDA.
Rua Paulo Gonçalves, 88 – Santana
CEP: 02403-020 – São Paulo/SP
Caixa Postal: 12183 – CEP: 02013-970
Tel.: (11) 2281-5555 – Fax: (11) 2959-3090
www.madras.com.br

Agradecimentos

Agradeço à minha esposa Trish por suas habilidades fotográficas (gratuitas), tempo e entusiasmo sincero para com este projeto. Sem ela, este livro ainda não teria deslanchado.

Dr. Tony Kemerly

Agradeço aos meus grandes amigos Trish e Tony "Doc" Kemerly por toda ajuda ao longo de anos; aos dedicados alunos da LDMA* que fazem do ensino das artes marciais uma atividade estimulante; ao sr. Danny Dring pela amizade, treino e motivação para alcançar níveis cada vez mais elevados dentro das artes marciais; e, acima de tudo, à minha esposa Mariea e meus filhos Deven e Elizabeth, pela ajuda e por completar minha vida.

Steve Snyder

---

* N.T.: LDMA = Living Defense Martial Arts uma das mais antigas escolas profissionais de artes marciais.

NOTA DO EDITOR INTERNACIONAL

O editor e os autores desse material educativo NÃO SE RESPONSABILIZAM por qualquer dano/ferimento que possa vir a ser causado pela prática das técnicas e/ou pelas instruções nele contidas. Se não for praticado de forma segura, o treinamento em artes marciais pode ser perigoso – tanto para você quanto para os outros. Se você tiver dúvidas sobre os procedimentos ou sobre a segurança de sua prática, consulte um professor habilitado em artes marciais. Para algumas pessoas as atividades descritas nesse manual podem ser muito vigorosas, por isso é importante que se consulte um médico antes de iniciar o treinamento.

DEDICATÓRIA

Dedicamos este livro a todos os nossos alunos e companheiros em sua contínua busca pela excelência nas artes marciais.

Gostaria de dedicar este livro aos srs. Danny Dring, Berl Parsons, Joe Lewis, Bill "Superfoot" Wallace, Alen Branch, Rick Hoadley e sra. Mariea Snyder; vocês são meus heróis. Agradeço muito por tudo que fizeram para influenciar e expandir meu conhecimento em artes marciais.

Steve Snyder

ÍNDICE

CAPÍTULO 1
**A História do Taekwondo como Base
para suas Técnicas de Imobilização 15**
    História e desenvolvimento do taekwondo
    – conexão Shotokan 15
    Taekwondo – esporte *versus* tradicional 17
    Compreendendo os estilos do taekwondo 19
    Um breve histórico sobre os estilos 19
    Estilos do taekwondo 21
    Breve histórico do jujutsu japonês e do jiu-jítsu brasileiro 22
    Como utilizar este livro 24

CAPÍTULO 2
Imobilizações nas Técnicas de Bloqueio 27
    Bloqueio quadrado 28
    Bloqueio com o dorso da mão aberto 29
    Bloqueio em "X" 31
    Bloqueio alto 32
    Bloqueio com a parte externa do antebraço 34
    Bloqueio com a parte interna do antebraço 36
    Bloqueio reverso com a parte interna do antebraço 38
    Bloqueio reverso com a parte interna dos dois antebraços 41
    Bloqueio escavado 43
    Bloqueio gancho 45
    Bloqueio polo/em forma de "U" 46
    Bloqueio com a palma das duas mãos 47
    Bloqueio tesoura 49
    Bloqueio duplo com a mão alongada 51
    Bloqueio duplo baixo com as mãos alongadas 54

Bloqueio descendente com as duas mãos 57
  Bloqueio com a parte externa dos dois antebraços 59
  Bloqueio montanha 61

CAPÍTULO 3
Imobilização nos Golpes e Chutes 65
  Soco ataque 66
  Soco reverso 68
  Soco gancho 70
  Golpe com a palma da mão 72
  Golpe com a mão alongada 74
  Golpe com as duas mãos alongadas 77
  Golpe com a mão em lança 79
  Golpe com o dorso da mão aberto 81
  Soco duplo alto 83
  Golpe com o cotovelo traseiro alto 84
  Golpe com os dois cotovelos traseiros altos 86
  Golpe vertical ascendente com o cotovelo 87

CAPÍTULO 4
Chon-Ji 91
  Soco ataque – bloqueio descendente 92
  Bloqueio descendente – soco ataque – bloqueio descendente 94
  Bloqueio descendente – soco ataque 96
  Soco ataque – bloqueio com a parte externa do antebraço 98
  Soco ataque – soco ataque 100

CAPÍTULO 5
Dan-Gun 103
  Bloqueio duplo com a mão aberta – soco alto 104
  Soco alto – bloqueio duplo com a mão aberta – soco alto 107
  Soco alto – bloqueio quadrado 109
  Bloqueio alto – golpe com a mão aberta 113
  Golpe com a mão aberta – soco alto 116

CAPÍTULO 6
Do-San 119
  Bloqueio reverso com a parte interna do antebraço – soco
  reverso 120
  Bloqueio duplo com a mão aberta – golpe vertical com a
  mão em lança 122

Índice

Golpe vertical com a mão em lança – golpe alto com o dorso do punho 125
Bloqueio reverso com a parte interna dos dois antebraços – chute frontal 128
Bloqueio reverso com a parte interna dos dois antebraços para soco ataque – soco reverso 131

CAPÍTULO 7
Won-Hyo 135
Bloqueio quadrado – golpe para dentro com a mão aberta 136
Bloqueio quadrado – golpe para dentro com a mão aberta – soco ataque 138
Bloqueio duplo com a mão alongada – bloqueio duplo com a mão alongada 141
Golpe com a mão em lança – bloqueio quadrado 144
Soco reverso – bloqueio escavado 147

CAPÍTULO 8
Yul-Gok 151
Soco na posição sentada – soco na posição sentada – bloqueio com a parte externa do antebraço 152
Bloqueio em gancho – bloqueio em gancho – soco reverso 154
Bloqueio protetor – chute lateral – golpe com a parte interna do cotovelo 156
Golpe com a parte interna do cotovelo – bloqueio quadrado 158
Bloqueio quadrado – golpe com a mão em lança – bloqueio quadrado 160

CAPÍTULO 9
Joong-Gun 165
Golpe ascendente com o cotovelo – bloqueio duplo com a mão aberta 166
Bloqueio protetor – pressão com a palma das duas mãos 168
Pressão com a palma das duas mãos – soco gancho 170
Soco gancho – bloqueio em "C" 172
Bloqueio em "C" – bloqueio em "C" 174

CAPÍTULO 10
Toi-Gye 177
Bloqueio montanha – bloqueio descendente 178
Pegada de pescoço com as duas mãos – chute ascendente com o joelho 180

Dorso do punho/bloqueio descendente
– salto baixo do bloqueio em "X" 182
Bloqueio duplo baixo com a mão alongada
– bloqueio circular 184
Bloqueio circular – bloqueio circular..186

CAPÍTULO 11
Hwa-Rang..**189**
  Bloqueio quadrado – soco virado – soco ataque.......................190
  Soco ataque – golpe descendente com a mão alongada.............192
  Golpe descendente com a mão aberta – soco ataque
  – bloqueio descendente 194
  Puxão – chute lateral 197
  Chute circular – bloqueio duplo com a mão aberta – bloqueio
  descendente 199

CAPÍTULO 12
Choong-Moo..**203**
  Bloqueio quadrado com a mão aberta
  – bloqueio alto/golpe para dentro com a mão aberta 204
  Pegada de pescoço com as duas mãos
  – chute com o joelho – golpe com a mão em lança 206
  Dorso do punho traseiro/bloqueio descendente
  – golpe com a mão em lança..208
  Golpe com a mão em lança
  – bloqueio apoiado na parte externa do antebraço.....................211
  Bloqueio duplo com a mão alongada
  – golpe invertido com a mão em lança
  – dorso do punho traseiro/bloqueio descendente....................... 214

CAPÍTULO 13
Kwang-Gae..**217**
  Palma da mão alongada – soco reverso virado 218
  Bloqueio gancho – bloqueio duplo baixo com a mão aberta 220
  Pressão palmar – pressão palmar 222
  Bloqueio de apoio com a parte externa do antebraço
  – bloqueio tesoura 224
  Soco Alto com as duas mãos
  – soco virado com as duas mãos – chute frontal........................226

CAPÍTULO 14
Po-Eun **229**
    Ataque duplo virado – chute lateral baixo – ataque para fora
    com a mão aberta 230
    Soco gancho – bloqueio tesoura..232
    Cotovelo para trás – soco na postura abaixada
    – cotovelo para trás – soco lateral 234
    Cotovelo para trás – soco apoiado......................................237
    Bloqueio em "C" – dois cotovelos para trás 239

CAPÍTULO 15
Ge-Baek..**243**
    Bloqueio alto – bloqueio descendente
    – bloqueio alto com a mão em arco 244
    Palma da mão ascendente
    – soco na posição abaixada – dorso do punho descendente.........246
    Soco alto com as duas mãos
    – bloqueio alto com a mão em arco – soco virado....................249
    Bloqueio em "9" – bloqueio duplo baixo
    com o dorso da mão aberto (variação A) 251
    Bloqueio em "9" – bloqueio duplo baixo
    com o dorso da mão aberto (variação B) 253

CAPÍTULO I

A História do Taekwondo como Base para suas Técnicas de Imobilização

A história da arte marcial coreana taekwondo é, no mínimo, questionável. Existem muitas histórias sobre o taekwondo. A história depende simplesmente de quem a conta. Um dos relatos mais duvidosos sobre o taekwondo é a História da Derivação do Taekkyon, que sustenta que o taekwondo é descendente direto do Taekkyon, um jogo coreano popular. O Taekkyon e o esporte taekwondo compartilham algumas semelhanças como a propensão para as técnicas de chute circular, a utilização da palma das mãos para empurrar o adversário, o jogo de pernas bastante desenvolvido, varreduras e laçadas de pernas. No início do século XX, por estar associado ao crime e à vingança, o Taekkyon praticamente desapareceu, tendo sido rejeitado pelo povo coreano. Essa versão da história do taekwondo ainda permanece por ser o Taekkyon uma arte marcial coreana única, sem influências externas. Esse é um fator importante para o coreano, um povo extremamente nacionalista. Contudo, o Taekkyon não ressurgiu publicamente até os anos de 1970, muito depois do taekwondo já existir. Apesar do desejo por uma história coreana única, a veracidade dessa versão da história do taekwondo permanece, no mínimo, questionável.

História e desenvolvimento do taekwondo – conexão Shotokan

Independentemente da natureza romântica da Teoria da Derivação do Taekkyon, a maioria dos praticantes de taekwondo aceita o fato de que sua arte é uma versão coreana do karate shotokan-do ou, em coreano, *Kongsoodo*. O próprio nome taekwondo tem pouco mais de 50 anos, tendo sido desenvolvido por um grupo de mestres em 11 de abril de 1955. Durante algum tempo, as artes marciais japonesas tiveram influência sobre as artes marciais coreanas. De fato, até o ano de 1909, todos os meninos coreanos aprendiam nas escolas as artes japonesas do judô e kendo (arte marcial japonesa com espada). Antes da guerra da Coreia, as kwans originais, ou escolas, usavam o nome japonês *karate*, juntamente com a terminologia japonesa *kata* das escolas Shotokan, Shorin-ryu e Shorei-ryu.

As kwans individuais, que eventualmente foram unidas para formar o taekwondo, eram lideradas por homens que receberam a maior parte de seu treinamento marcial, se não todo, das artes marciais japonesas. A Chung Do Kwan ou Great Blue Wave School (Escola da Grande Onda Azul), que se tornou a maior kwan civil, foi fundada em 1945, por Won Kuk Lee. Este recebeu sua faixa preta de Gichin Funakoshi, fundador do Karate Shotokan. Ele também treinou em Okinawa, Henan e Xangai. O Chung Do Kwan ensinava que os movimentos deviam imitar o poder da água. Em 1945, Hwang Kee fundou a Moo Duk Kwan, ou Escola da Virtude Marcial. Kee recebeu treinamento em artes marciais na Manchúria com o mestre de Tai Chi, Kuk Jin Yang. A Yun Moo Kwan ou Escola do Caminho da Virtude, que mais tarde se tornou Ji Do Kwan, foi fundada em 1946, por Chang Sup Sang. Sang começou seus estudos das artes marciais no judô e passou a ensinar taekwondo para judocas faixa preta.

Essa foi a primeira escola de artes marciais mista com o ensino de karate e de judô. O estilo da escola Yun Moo Kwan é muito parecido com o da Shotokan, uma forma de tributo à sua origem. Chang Do Kwan foi fundada em 1946, por Byung Yun, faixa preta 4º grau no estilo Shudokan Okinawa de karate, sob orientação de Kanken Toyama e Nam Suk Lee, que aprendeu o Okinawa Karate Shotokan com o auxílio de um texto chinês antigo. Essa foi considerada a primeira escola de autodefesa da Coreia no pós-guerra, bem diferente do taekwondo moderno. A Song Moo Kwan, ou Casa de Formação Juvenil em Artes Marciais, foi fundada em 1946, por Byong-Jik Ro, um contemporâneo de Won Kuk Lee, fundador da Chung Do Kwan. Ro recebeu sua faixa preta em Karate Shotokan de seu fundador Gichin Funakoshi. Para ilustrar ainda mais suas raízes, a palavra "Song", em Song Moo Kwan, refere-se à Song Do Kwan, o nome coreano para Shotokan. Finalmente, a Oh Do Kwan, ou Escola do Meu Caminho, foi fundada em 1953, por Choi Hong Hi, faixa preta de 2º grau em karate shotokan e Nam Tae Hi. A Oh Do Kwan era de natureza militar e fruto do exército da República da Coreia. Essa kwan estava intimamente ligada à Chung Do Kwan, da qual Nam Tae Hi era membro. Essas primeiras kwans que eventualmente se tornaram taekwondo eram obviamente influenciadas pelas artes marciais japonesas. Isto porque os homens que desempenharam grande papel no desenvolvimento do taekwondo tiveram sua formação nas artes marciais japonesas.

Taekwondo
– esporte *versus* tradicional

A mudança das raízes marciais do taekwondo ocorreu quando os líderes do movimento coreano de taekwondo tentaram se apropriar da arte do karate. Foi também nessa época que o estilo se dividiu em duas facções principais: o taekwondo esporte, que hoje está sob o controle da Federação Mundial de Taekwondo (WTF) e o taekwondo tradicional, que está sob o controle da Federação Internacional de Taekwondo (ITF). Essa divisão ocorreu por uma razão muito simples. Após o fim da ocupação da Coreia pelos japoneses, as artes marciais coreanas se tornaram uma combinação das técnicas de lutas com as mãos da China, Japão e Okinawa, com as técnicas de luta com chutes, da China, Japão, Okinawa e do Taekkyon. Isso continuou até o pós-guerra da Coreia, quando uma onda de nacionalismo e patriotismo invadiu o país, o que levou a uma "coreanização" do karate japonês. Essa "coreanização" consistiu em mudar os nomes japoneses para as alternativas coreanas. Isso é muito visto na nomeação de estilos, tais como: (Japonês → Coreano) Heian → Pyong-An; Tekki → Chul-gi; Bassai → Pal-sek; Kanku Dai → Kong Sang Koon; Jitte → Ship-Soo; Empi → Yoon-bi; e muitos outros exemplos. Acredita-se que foi com a negação das raízes japonesas do Shotokan inerentes aotaekwondo que a teoria da Derivação do Taekkyon, apesar de falha, ganhou projeção.

A etapa final da "coreanização" do Shotokan foi a criação de um conjunto de técnicas significativamente diferentes daquelas presentes no Shotokan. Isso foi realizado pelo conjunto de regras de competição encontrado no estilo olímpico de treinamento de taekwondo dos dias atuais.

Na verdade, esse sistema recebeu oposição dos mestres da primeira geração, que mantiveram sua ligação com o Shotokan. O motivo pelo qual os mestres não gostaram das mudanças foi simplesmente porque elas tiraram o aspecto de autodefesa da arte, tornando-a meramente um jogo de pega-pega, muito parecido com o Taekkyon coreano. As regras do novo taekwondo coreano são as seguintes: probido acertar o rosto; proibido golpes abaixo da linha da cintura; proibido agarrar o adversário; obrigatório o uso de equipamentos de proteção (cabeça, tórax, genitais, antebraço e canela); um sistema de pontuação; e lutas contínuas (sem interrupções). O resultado de tais mudanças foi a eliminação de todas as técnicas de imobilização e controle da luta, relegando efetivamente o aspecto de autodefesa da arte à capacidade do lutador em manter um atacante a distância, principalmente por meio de técnicas de chutes.

A "coreanização" da arte também resultou em algumas outras mudanças na filosofia da arte. Por exemplo: o taekwondo tradicional usa a seguinte metodologia de autodefesa: ataque → bloqueio → contra-ataque. Isso foi eliminado quando o novo taekwondo adotou uma visão esportiva com o novo taekwondo adotando: ataque → contra-ataque. A adoção do novo método ataque → contra-ataque elimina a necessidade de bloqueio, tirando o período de contato defensivo, que permite a transição entre técnicas de imobilização. Outra diferença entre o taekwondo esportivo e o taekwondo tradicional está na mentalidade evidenciada entre as duas versões da arte.

O objetivo do esporte taekwondo é executar corretamente a técnica, capacitando o lutador a pontuar mais que seu adversário e, assim, vencer a luta. Essa filosofia é muito diferente do taekwondo tradicional, que adota uma mentalidade muito mais parecida com a de seus antecessores japoneses. O objetivo do taekwondo tradicional é executar a técnica corretamente de modo a desarmar ou matar o adversário. A execução deste objetivo exige que as técnicas de imobilização estejam presentes no estilo. É verdade que existem técnicas de luta capazes de incapacitar ou até mesmo matar um atacante, mas não de forma tão rápida e eficiente quanto as técnicas de imobilização. Finalmente, não podemos esquecer que uma das primeiras kwans, a Oh Do Kwan, era uma unidade militar com técnicas incapacitantes e mortais muito eficientes no campo de batalha. O líder da Oh Do Kwan era o general Choi Hong Hi, chefe da Federação Internacional de Taekwondo, órgão governamental regulador do taekwondo tradicional.

Compreendendo os estilos do taekwondo

Uma das características únicas das artes marciais é a prática de estilos. Esses estilos, *hyung*, *tul* ou *poomse* em coreano, *kata* em japonês, *quyen* em vietnamita, ou *taolu* em chinês, são uma série pré-programada de técnicas de defesa, contra-ataques e técnicas ofensivas executadas em uma sequência precisa, lógica, com movimentos específicos dos pés e posturas em combate imaginário contra vários atacantes. Para os leigos, esses estilos se assemelham a uma combinação de boxe-sombra, dança e ginástica de solo. Esses estilos foram concebidos para representar as tradições marciais e técnicas de uma arte marcial específica. O desempenho dos estilos resulta em chutes, bloqueios, ataques e posturas mais fortes, mais rápidos, mais eficazes; melhores técnicas de combate; técnicas defensivas e ofensivas para situações de autodefesa; aumento da resistência muscular e cardiovascular; aumento de ritmo e agilidade e uma melhor consciência cinestésica.

Muitas vezes o taekwondo é caracterizado como uma arte marcial que usa, em seus combates, técnicas de chute poderosas, porém irrealistas. Embora seja verdade que possui um arsenal notável de técnicas de chute, essa caracterização do taekwondo é bastante superficial. Se examinarmos bem os estilos utilizados por praticantes do taekwondo, encontraremos determinados movimentos que poderiam ser interpretados como técnicas de imobilização. Praticantes de faixas com graus mais baixos tendem a usar mais os movimentos de punho e as técnicas de longo alcance que podem ser interpretadas como técnicas de agarramento e de entrada, enquanto os praticantes de faixas com graus mais altos têm mais movimentos com a mão aberta e mais próximos do corpo, o que representa a imobilização e a proximidade. Todos os estilos utilizam o princípio de ação-reação em seus movimentos. Esse movimento de ação-reação é muito semelhante às técnicas para desequilíbrio utilizadas em artes como o judô ou jujutsu.

Um breve histórico sobre os estilos

Antes de dizer que o taekwondo tem uma ramificação de técnicas de imobilização incorporada em seus estilos, é preciso primeiro analisar os padrões do Shotokan-Karate, o estilo que, de acordo com a maioria, teve a maior influência sobre as técnicas e desenvolvimento do taekwondo.

Durante o século XII, por causa da devastação das guerras Taira-Minamoto, muitos guerreiros japoneses fugiram para Okinawa. Os guerreiros do clã Minamoto acreditavam que todos os movimentos eram iguais, mas Minamoto Bujítsu sabia que qualquer tipo de combate, seja com golpes, imobilização ou usando armas, invocava movimentos similares.

Os estudantes desse estilo deviam aprender um movimento de combate; depois de tê-lo aprendido e dominado, passavam a conhecer o uso desse movimento tanto nas lutas de imobilização e de golpes como nas lutas com uso de armas. Vemos essa mesma simulação hoje no Aikidô e Jujutsu japonês, no Kali filipino e no Thanh Long vietnamita, em que técnicas com espada, bastão ou facas se intensificam como técnicas de travamento de articulações e queda, quando conseguem tirar as armas das mãos do oponente.

Em 1337, o rei de Okinawa jurou fidelidade à China. O resultado dessa união foi uma grande avalanche de costumes e cultura chinesa sobre o país de Okinawa. Foi nessa época que houve a imigração de 36 famílias chinesas. Esse grupo de famílias incluía muitos especialistas na arte do Kempo chinês ou "Lei do Punho". A arte do Kempo, combinada com a arte nativa Te, de Okinawa, formou o Okinawa Karate ou Okinawa-te atual. Mais tarde, em 1429, o rei Sho Hashi iniciou o comércio com outros países, incluindo Indonésia, Sudeste da Ásia, Coreia, Japão e China, tornando as cidades de Naha e Shuri os centros comerciais mais importantes. A abertura desse comércio com outros países resultou na disponibilidade das artes marciais daqueles países à população de Okinawa. Esses países tinham suas próprias artes marciais nativas, mas a Indonésia, o Sudeste da Ásia e da China, especificamente, tinham artes marciais com extenso repertório de imobilização. Cerca de 50 anos depois, em 1477, o rei Sho Shin proibiu o uso de armas e esse decreto atuou como uma força motriz para o povo de Okinawa desenvolver suas habilidades na luta de mãos limpas. Cerca de 130 anos mais tarde, em 1609, o clã Satsuma invadiu Okinawa a mando do shogunato Tokugawa. Essa invasão resultou em um desenvolvimento ainda maior da arte de luta com as mãos limpas do povo de Okinawa, tornando a arte extremamente violenta, com o objetivo de incapacitar e matar rapidamente um atacante armado e possivelmente blindado, com o uso de poderosas técnicas de ataque, como técnicas de quebra de ossos e rompimento de articulações. É nesse momento da história das artes marciais japonesas/okinawanas, que a maioria dos estilos ensinados era de origem chinesa.

Esses estilos continham técnicas altamente eficazes e brutais, carregadas de Chin-na, técnica chinesa de imobilização.

Em 1868, porém, tudo mudou. O Japão passou de governo feudal para estado democrático, resultando em algumas mudanças também para as artes marciais que passaram a ser ensinadas como uma maneira de promover os valores do passado. Isso foi feito usando as artes marciais para a promoção da saúde, do espírito, da moral e da identidade nacional, em vez de ser uma das formas mais eficientes de neutralizar um adversário. Finalmente, as artes marciais japonesas começaram a se esportificar. Essa adequação de arte marcial mais holística, mais voltada para o esporte, ganhou terrreno em 1908, quando Itosu "Anko" Yasutsune incorporou o treinamento de karate aos programas de educação física em todas as escolas primárias de Okinawa. Para isso, foi necessário que se fizessem algumas mudanças pelas quais ele foi muitas vezes criticado, por diluir a eficácia de combate do karate. Ele disfarçou as técnicas mais perigosas, como as de luta e de imobilização, e ensinou a arte baseada principalmente nos bloqueios e socos. Nenhum golpe combativo foi ensinado para qualquer técnica, ou seja, os estilos eram ensinados sem sua aplicação, tornando-os pouco diferentes de qualquer das danças tradicionais populares na época. Por último, nomes enganosos foram dados às técnicas ensinadas, tais como "bloqueio alto" ou "bloqueio baixo". Antes disso, aquilo que conhecemos como um "bloqueio alto" ou "bloqueio baixo" era utilizado como uma técnica de luta ou de imobilização, além de seu papel de bloqueio. Hoje, é notório que os estilos de karate podem conter ao mesmo tempo mais do que apenas meras técnicas de golpes e bloqueios.

Estilos do taekwondo

Hoje, os estilos do taekwondo, especialmente os praticados pelos seguidores do taekwondo tradicional, partilham muitas semelhanças com os antigos estilos japoneses. O conjunto original de estilos do Pinan de Okinawa e o mais recente conjunto Heian foram concebidos para ser versões mais brandas do estilo Kanku Dai (Kusanku). O conjunto Heian foi modificado por Itosu para torná-lo mais fácil de aprender, introduzindo primeiro as técnicas mais fáceis. Esses estilos são ensinados ainda hoje em algumas escolas tradicionais de taekwondo sob o nome de Pyong-Ahn. O taekwondo tradicional não enfatizava a disputa, pois a arte ainda era considerada para fins de autodefesa. As técnicas nesses estilos não eram feitas para serem ensinadas como luta esportiva, mas para serem usadas em batalha por guerreiros, contra adversários inexperientes e agressivos, razão pela qual as aplicações dos estilos enfatizam técnicas de autodefesa de curto alcance.

Encontramos muitas semelhanças quando comparamos os estilos do taekwondo tradicional e do Shotokan. Por exemplo, os seguintes estilos japoneses têm uma contrapartida quase idêntica aos coreanos: Kanku Dai e Kong-Soo-Kan; Tekki e Chul-Gi; Bassai e Pal-Sek; Jion e Jaon; Empi e Unbi. Outros estilos não são idênticos, mas encontramos estilos de movimentos semelhantes no: Heian Nidan e Won-Hyo; Tekki Shodan, Nidan, e Sandan e o estilo Po-Eun de Chang-Hon; e os estilos Shodan Heian e Chang-Hon Chon-Ji e Dan-Gun.

Os estilos Chang-Hon foram os primeiros estilos "originais" de taekwondo e foram desenvolvidos pelo general Choi Hong Hi. Os movimentos desses estilos têm uma grande influência do Shotokan, o que não é nenhuma surpresa, considerando-se que o general Choi recebeu sua faixa preta 2º grau em karate shotokan quando estava no Japão. Técnicas encontradas nos estilos de Chang-Hon incluem arremessos, quedas, asfixia, estrangulamento, travas de punhos, cotovelos, dedos, pernas, pescoço e algumas técnicas de lutas de chão. Esse conjunto de estilos é único por não conter padrões complexos de movimentos dos pés nas nove faixas abaixo da faixa preta. Esse intrincado trabalho de movimento dos pés é a base para as técnicas de imobilização desse estilo. Muitos estilos de Chang-Hon são bastante longos e contêm combinações de mãos e pés que, muitas vezes, não parecem fazer sentido. Essas combinações aparentemente sem nexo tendem a ter aplicações de imobilização. É por meio de uma análise investigativa dos padrões Chang-Hon que vamos encontrar técnicas ocultas de imobilização do taekwondo.

Breve histórico do jujutsu japonês e do jiu-jítsu brasileiro

A história do jujutsu japonês é tão interessante quanto a de seu oponente direto. Claro que, quando algo é tão antigo como a arte jujutsu, sua história torna-se um pouco confusa. Por exemplo, dependendo do pesquisador, as raízes do jujutsu japonês vem de antigos sistemas gregos de luta como a Pankration, ou das artes de imobilização mais antigas da Mongólia, ou, simplesmente, que desde sua criação o jujutsu sempre teve raízes totalmente japonesas e não foi mesclado a nenhuma outra arte nativa de outras terras. Nossa intenção não é julgar qual história é a mais precisa ou qual a que melhor nos serve, mas sim mostrar uma conexão entre o antigo jujutsu japonês e o seu correspondente brasileiro jiu-jítsu.

Um dos maiores equívocos sobre o jujutsu japonês é pensar que foi sempre praticado como uma arte individual. Essa arte, conhecida como jujutsu, taijutsu, wajutsu, torite e yawara, existia como uma arte que equilibrava o uso das habilidades das mãos limpas com as habilidades com armas, de forma a ser útil para os samurais. Uma técnica puramente de mão limpa não era útil para os samurais porque eles lutavam como soldados armados, assim como os soldados de hoje. É por essa razão que os militares de hoje não despendem muito tempo ensinando combate corpo a corpo, pois um soldado tem muitas armas à sua disposição. Em razão do uso de armas pelos samurais, o jujutsu era, na melhor das hipóteses, uma habilidade auxiliar utilizada no pior cenário.

Foi no fim do século XIX que um homem franzino de nome Jigoro Kano desenvolveu um sistema que ele chamou de judô. É importante notar que o judô não é nada mais do que outro estilo de jujutsu, e não uma arte marcial isolada. Em verdade, Kano nem foi o primeiro a usar o nome judô. O Judô de Kano era um sistema que ele desenvolveu depois de dominar os estilos Jujutsu Tenjin Shinyo-ryu, Kito-ryu e Fusen-ryu. Após anos de treinamento de jujutsu, Kano sentia que faltava uma filosofia subjacente às artes jujutsu. Foi por o jujutsu ser mais uma coleção de técnicas do que uma arte filosófica, que Kano decidiu desenvolver uma arte própria que tinha um princípio sobre o qual todo o sistema foi baseado. Este princípio foi simplesmente obrigar o adversário a perder o equilíbrio e, então, atacar. Por mais simplista que possa parecer, ainda é a base para a estratégia de judô: usar o mínimo de esforço para alcançar a eficiência máxima.

Uma das contribuições mais importantes para as artes marciais, em especial para o judô e indiretamente para o jiu-jítsu brasileiro, foi o conceito de randori ou luta-livre. Randori é simplesmente um método de luta em que os praticantes treinam suas técnicas de forma segura ao executá-las de forma realista. Nos primeiros dias do judô, a prática de randori permitiu aos alunos de Kano praticar com mais frequência, uma vez que não se feriam constantemente nem ficavam muito tempo para se recuperar de alguma lesão, como resultado de uma sessão excessivamente agressiva de jujutsu. Basicamente, randori atenuava o judô de modo que podia ser praticado com frequência, sem tornar a arte imprópria para autodefesa ou para finalidades esportivas. É esse tipo de randori que distingue o jiu-jítsu brasileiro moderno de tantas outras artes marciais e permite que seus alunos se sobressaiam.

O caminho que levou o judô a ser o alicerce para o jiu-jítsu brasileiro começou no final do século XIX, quando uma competição entre os estilos mais antigos de jujutsu e o novo judô de Kano foi organizada no Distrito Policial de Tóquio. Graças ao uso de randori e à possibilidade de praticar suas técnicas mais frequentemente, os praticantes de judô de Kano derrotaram os praticantes do velho estilo de jujutsu. Após a vitória no Distrito Policial de Tóquio, o judô cresceu em popularidade, resultando em mais desafios e em mais vitórias nos torneios. Esse caminho aparentemente invencível continuou até por volta de 1900, quando a escola de Kano, a Kodokan, desafiou a escola Fusen-ryu. Os praticantes do Fusen-ryu sabiam que não seriam capazes de derrotar os lutadores de judô por não terem as habilidades de deslocamento dos judocas. Então optaram por derrubá-los e venceram as lutas por submissão. Essa foi a primeira perda que a Kodokan sofreu em aproximadamente oito anos. Até aquele momento, o judô não tinha um componente de imobilização; então, após a perda, Kano percebeu que esse aspecto era de grande necessidade para a sua arte. Como resultado ele uniu a técnica de Fusen-ryu com sua arte de judô.

A perda para o dojo Fusen-ruy serviu para moldar o estilo jiu-jítsu brasileiro como conhecemos hoje. A implantação de técnicas de imobilização com o currículo do judô ocorreu pouco antes do judô chegar ao Brasil. Acredita-se ser esta uma das principais razões pelas quais o jiu-jítsu brasileiro tem um grande foco na imobilização. Em 1904, Mitsuo Maeda, um judoca japonês treinado pelo próprio Kano, viajou para os Estados Unidos com seu instrutor para demonstrar a arte do judô aos cadetes de West Point, e também ao Presidente dos Estados Unidos que na época era Theodore Roosevelt. Após Maeda deixar os Estados Unidos, ele continuou sua viagem para o Brasil, que na época era a maior colônia japonesa fora do Japão. Um dos homens que o ajudou em seus esforços enquanto ele estava aqui foi Gastão Gracie. Como agradecimento por sua ajuda, Maeda ensinou ao filho de Gracie, Carlos, os princípios do judô de Kano. Por sua vez, Carlos ensinou a seus irmãos, entre eles, Helio Gracie. Como resultado, nasceu o jiu-jítsu brasileiro.

Como utilizar este livro

Encontrar as técnicas de imobilização dentro dos estilos de taekwondo pode parecer, à primeira vista, uma tarefa difícil, mas na prática não é bem assim. Aqui estão alguns exemplos que podem abrir sua mente para novas possibilidades. *Chambers* e *re-chambers** de chutes poderiam ser varreduras ou técnicas de chão mais do que técnicas de chute. Não presuma que os atacantes que estão lutando em nossos estilos nos atacarão apenas com golpes. Tente imaginar os movimentos executados na horizontal ou em algum outro plano que não a posição ereta. Não presuma que os nomes atribuídos às técnicas, tais como "bloqueio alto" ou "bloqueio médio", aplicam-se às técnicas. Lembre-se de que esses nomes só foram adicionados nos últimos cem anos. Retire a técnica do fluxo do estilo e veja se é possível usar outras aplicações. Pergunte-se por que as coisas são como são. Por exemplo: por que um golpe com mão espalmada, em vez de um ataque com o punho; por que uma postura muda da posição da frente para trás ou para a posição sentada ou vice-versa; por que tantas *chambers* diferentes para as técnicas de mão? Por fim, para encontrar a imobilização dentro do seu estilo, simplesmente lance mão de um pensamento abstrato e mantenha a mente aberta durante todo o processo.

    É importante compreender que os primeiros mestres que tentamos imitar tinham uma crença muito forte nas metodologias de treinamento cruzado. Aqueles que se destacaram nas artes de combate muitas vezes souberam como usar a imobilização e vice-versa. Avançando até os dias atuais, encontramos, na melhor das hipóteses, artes marciais fragmentadas. As artes de combate acreditam que têm as "chaves do reino", enquanto as artes de imobilização pensam da mesma forma. Além disso, as artes de autodefesa baseadas na realidade que se intitulam como artes marciais tradicionais se perderam durante os tempos modernos e os praticantes da autodefesa baseada na realidade são aqueles que conhecem os segredos dos antigos. O propósito deste livro não é afirmar com convicção que as técnicas de imobilização de Chang-Hon são realmente as melhores, mas sim que os movimentos dentro dessas formas podem funcionar como técnicas de imobilização. Foi durante o transcorrer de meu treinamento tanto em combates quanto em imobilizações que muitas dessas técnicas me foram apresentadas.

    Então, tentem descobrir algumas técnicas dentro de seus próprios estilos e divirtam-se.

---

* N.T.: *Chamber* é a parte de seu corpo, ou melhor, o músculo que está sendo usado no ataque. É quando você coloca o braço ou a perna em posição para desferir o ataque. *Re-chamber* é a volta à posição inicial; é sair da posição de ataque.

CAPÍTULO 2

IMOBILIZAÇÕES NAS TÉCNICAS DE BLOQUEIO

Bloqueio quadrado

Aplicação

A aplicação da imobilização do bloqueio quadrado torna-se evidente quando é executado na posição horizontal. O lutador de quimono Branco tem a posição de controle lateral sobre o de quimono Preto. Dessa posição o Branco poderá controlar os movimentos do Preto enquanto executa várias técnicas diferentes de submissão. O Preto posiciona a parte superior da execução do bloqueio quadrado, abaixo do queixo do Branco e a parte do bloqueio com antebraço, sob seus quadris. Ao fazer isso, ele impede que o Branco se posicione acima dele e tem liberdade de mover os quadris e escapar.

Técnica

Bloqueio quadrado – Execução

Bloqueio quadrado
(ângulos alternativos de visão)

Bloqueio com dorso da mão aberto

Aplicação

O bloqueio com o dorso da mão aberto utiliza o osso radial do antebraço como superfície de bloqueio. O bloqueio possibilita uma larga escala de movimentos e pode ser usado para defender ataques altos e baixos. Para executar o bloqueio, comece com o braço voltado para baixo e os dedos apontados para o chão, com a palma da mão voltada para você. Aponte o cotovelo para o alvo e mova rapidamente o braço de bloqueio com um movimento circular. Ao terminar, o ombro estará levemente inclinado e o cotovelo dobrado em um ângulo aproximado de 90 graus, com as juntas dos dedos na altura dos olhos.

Técnica

Bloqueio com o dorso da mão aberto – Execução

1. O Branco ataca o Preto com gancho de punho cruzado. O braço e a mão do Preto estão na posição inicial do bloqueio com o dorso da mão aberto. O Branco pode usar esse ataque para desequilibrar o Preto, evitando que ele estruture algum tipo de contra-ataque.

2. O Preto movimenta rapidamente seu braço para baixo, no sentido horário, o que reproduz a ordem correta do movimento para um bloqueio com o dorso da mão aberto. Esse movimento circular rápido resulta no desequilíbrio do Branco, permitindo o contra-ataque do Preto.

Passos 1 e 2:
Bloqueio com o dorso da mão aberto

Bloqueio em "X"

Técnica

Bloqueio em "X" – Execução

Aplicação

O Preto utiliza o bloqueio em "X" para executar a asfixia cruzada no Branco, escorregando uma das mãos, com a palma voltada para cima, pelo lado oposto da lapela do Branco, e executa a mesma ação no lado contrário. Uma vez que as mãos do Preto estão firmes dentro da lapela do Branco e os ossos dos antebraços pressionados contra as laterais do pescoço do Branco, ele comprime a área abdominal do Branco com o joelho, enquanto dobra a lateral ulnar de seus punhos em direção a seus antebraços.

Bloqueio alto

Aplicação

O bloqueio alto é uma das técnicas mais reconhecidas das artes marciais. É encontrado com alguma variação em quase todas as artes de combate e é frequentemente aceito como uma ferramenta viável de imobilização. Para executar um bloqueio alto esquerdo, o praticante cruza o braço esquerdo acima da linha de cintura em direção ao lado oposto, em uma preparação de torção. Ao executar o bloqueio, os quadris estão elevados para trás, para o lado esquerdo, e o braço para cima. Ao terminar, o punho está acima da cabeça, com o antebraço voltado para baixo em um ângulo aproximado de 45 graus.

Técnica

Bloqueio alto – Execução

1. O Branco ataca o Preto com uma pegada lateral. Dessa posição, ele pode puxar ou empurrar o ombro do Preto, desequilibrando-o e ganhando uma vantagem.

2. O Preto se defende do golpe do Branco, atacando o braço que o atacou. O Preto usa a outra mão para agarrar o punho do Branco e executa uma chave de punho para desequilibrá-lo. Com o braço de bloqueio, o Preto empurra para cima a parte interna do braço do Branco. Esses movimentos simultâneos dos braços para cima e para baixo criam uma alavanca, usando o cotovelo do Branco como apoio.

Passos 1 e 2: Bloqueio alto

Bloqueio com a parte externa do antebraço

Técnica

Bloqueio com a parte externa do antebraço – Preparação

Bloqueio com a parte externa do antebraço – Execução

Aplicação

O bloqueio com a parte externa do antebraço é uma técnica básica de bloqueio similar, em sua aplicação, ao bloqueio com o dorso da mão aberta, exceto pelo fato de usar a mão fechada em vez de aberta. Tem esse nome porque a parte externa do antebraço é usada como superfície de golpe para bloqueio. Para preparar esse bloqueio, os braços se cruzam um sobre o outro, na lateral do corpo, paralelos ao chão, na altura do peito, com o braço de bloqueio por cima. Assim que a preparação está completa, a execução do bloqueio exige que o praticante posicione os quadris na direção do bloqueio, permitindo que o cotovelo se dobre em um ângulo de 90 graus, alinhado com a perna que está na frente e com o punho na altura do queixo.

1. Para usar o bloqueio com a parte externa do antebraço em uma situação de imobilização, o Preto ataca, agarrando o punho do Branco pela lateral e executa esse golpe para desequilibrar e controlar o movimento do Branco. Esse controle sobre o movimento é uma forma de imobilização e permite que o Preto escolha a técnica de ataque.

2. O Preto utiliza a pegada de punho para desequilibrar o Branco. O Preto puxa o Branco em sua direção, combinando movimento dos braços com torção de quadril. Observe que o Preto utiliza o outro braço (de bloqueio) para desequilibrar o Branco.

Passo 1: Bloqueio com a parte externa do antebraço

3. O Preto completa a técnica de chave de braço/desequilíbrio sobre o Branco, continuando a ação de torção do quadril. Ele mantém a manga do Branco agarrada bem próxima do punho, enquanto coloca o outro braço sob o ombro do Branco, controlando o movimento.

Passo 2: Bloqueio com a parte externa do antebraço

Passo 3: Bloqueio com a parte externa do antebraço

Bloqueio com a parte interna do antebraço

Técnica

Bloqueio com a parte interna do antebraço – Preparação

Bloqueio com a parte interna do antebraço – Execução

Aplicação

Para muitos praticantes, o bloqueio com a parte interna do antebraço é mais potente do que o bloqueio com a parte externa do antebraço em razão da facilidade com que se pode movimentar o quadril. O bloqueio tem esse nome porque a parte interna do antebraço é utilizada como superfície de ataque para o bloqueio. O bloqueio com a parte interna do antebraço difere do bloqueio com a parte externa, no uso do braço de trás na aplicação da técnica. Para se preparar para o bloqueio, o praticante posiciona a mão de bloqueio por detrás da orelha, com o cotovelo em um ângulo de 90 graus e o punho na altura da cabeça. Ao mesmo tempo, alonga o outro braço para a frente. Para executar o bloqueio, os quadris estão voltados na direção da mão que está à frente e o braço de bloqueio é trazido para a frente do corpo, com um movimento semicircular, paralelo ao chão.

Imobilizações nas Técnicas de Bloqueio

Passo 1: Bloqueio com a parte interna do antebraço

Passo 2: Bloqueio com a parte interna do antebraço

Passo 3: Bloqueio com a parte interna do antebraço

1. O Branco ataca o Preto agarrando seu punho pela lateral. O Branco ataca de forma a desequilibrar seu oponente e controlar seu movimento. Como dito anteriormente, esse controle sobre o movimento é uma técnica reconhecida de imobilização e permite que o Branco controle o confronto, dando-lhe a possibilidade de escolher a técnica de sua preferência, enquanto limita as opções de contra-ataque do Preto.

2. O Preto usa a preparação do bloqueio para desequilibrar o Branco em seu contra-ataque. O Preto faz isso agarrando a manga do Branco com sua mão dianteira e puxando para si o braço de ataque do Branco com o movimento *chambering* do bloqueio. Essa combinação de movimento é importante por dois motivos: primeiro, porque frustra a tentativa do Branco de desequilibrar o Preto; segundo, prende as mãos do Branco, impedindo que ataque o Preto.

3. Ele continua o movimento de tração da mão dianteira, combinando-o com a torção do quadril. Isso é feito enquanto a mão de bloqueio se move da posição de *chambering* para a posição utilizada durante a execução dessa fase. Essa combinação de movimentos acaba completamente com o equilíbrio do Branco, deixando-o vulnerável a uma queda.

Bloqueio reverso com a parte interna do antebraço

Técnica

Bloqueio reverso com a parte interna do antebraço – Preparação

Bloqueio reverso com a parte interna do antebraço – Execução

Aplicação

O bloqueio reverso com a parte interna do antebraço tem esse nome em razão da direção que se move em relação ao bloqueio tradicional com a parte interna do antebraço. É uma técnica pouco utilizada, frequentemente deixada de fora do treinamento padrão. A razão é simples: é uma técnica grosseira empregada para bloquear a entrada de um ataque. Contudo, o bloqueio reverso com a parte interna do antebraço tem boas aplicações de imobilização, graças ao uso do quadril em sua execução. Para se preparar para o bloqueio, os braços são cruzados da mesma forma que na preparação do bloqueio tradicional. A diferença é que nesse bloqueio os braços estão na frente do corpo e não na lateral. Para executar o bloqueio, os quadris são posicionados na direção do braço de bloqueio, terminando com o braço na mesma posição usada no bloqueio com a parte externa do antebraço, com a diferença que o antebraço fica pronado (voltado para dentro) e não supinado (voltado para fora).

Imobilizações nas Técnicas de Bloqueio

Passo 1: Bloqueio reverso com a parte interna do antebraço

Passo 2: Bloqueio reverso com a parte interna do antebraço

Passo 3: Bloqueio reverso com a parte interna do antebraço

1. O Branco ataca o Preto com um golpe cruzado de punho. Ao utilizar esse ataque, o Branco pode não apenas quebrar o equilíbrio do oponente puxando-o para a frente, mas, mais importante, pode girá-lo, deixando-o de costas para si. Conseguir ter as costas do oponente voltadas para si é uma estratégia básica de muitas artes de imobilização, pois facilita a aplicação das técnicas de asfixia e queda.

2. O Preto defende-se do golpe agarrando a faixa do Branco com a mão livre (mão preparatória) e puxando a mão de ataque do oponente para junto de seu corpo como parte da execução do bloqueio. Isso permite que o Preto compense o efeito alavanca que o Branco ganhou com a pegada e o coloca em uma posição melhor no contra-ataque.

3. O Preto continua o movimento circular do bloqueio enquanto puxa o braço preparatório em direção ao seu quadril, o que lhe dá maior controle sobre o Branco e permite que controle melhor seu movimento. O movimento de bloqueio do outro braço tem duas finalidades: primeiro, se o Branco mantiver o aperto no punho do Preto, o Preto poderá continuar o movimento circular e evoluir para uma chave de articulação; segundo, se o Branco soltar o aperto durante o movimento de braço do Preto, o Preto fica então livre para o ataque de pegada, capaz de usar o controle que tem sobre os quadris do Branco para contra-atacar com uma técnica de golpe.

Bloqueio reverso com a parte interna dos dois antebraços

Técnica

Bloqueio reverso com a parte interna dos dois antebraços – Preparação

Bloqueio reverso com a parte interna dos dois antebraços – Execução

Aplicação

Assim como o bloqueio reverso com a parte interna do antebraço, esse bloqueio não tem muita utilidade contra verdadeiros golpes de ataque. Contudo, ele tem numerosas aplicações de imobilização em função do movimento de abertura dos braços e a postura típica de estabilidade assumida nessa técnica. A preparação para o bloqueio requer que o praticante cruze seus braços em frente do peito com os punhos na altura das clavículas. A execução do bloqueio acontece ao descruzar os braços e movê-los para as laterais em um movimento de abertura, terminando um pouco além da largura dos ombros. Na posição final, os ombros estão abertos para as laterais e os cotovelos dobrados em um ângulo de 90 graus e afastados do corpo.

1. O Branco ataca o Preto com uma técnica de controle chamada *plum*. Ao usar essa técnica, ele pode manipular o movimento de cabeça do Preto, controlando a direção para onde o adversário pode ir. Dessa posição, o Preto pode desferir golpes de cotovelo e joelho, bem como iniciar técnicas de queda ou arremesso. Dessa posição, o Preto não tem como controlar o curso do confronto.

2. O Preto começa a se defender do *plum* utilizando os braços cruzados, como na fase de preparação do bloqueio reverso com a parte interna dos dois antebraços. Ao fazer isso, o Preto separa os cotovelos do Branco

para as laterais, o que enfraquece o aperto do Branco sobre a cabeça e o pescoço do Preto. Isso dá, ao Preto, o espaço necessário para começar a escapar do ataque.

3. O Preto continua com o movimento de abertura dos braços, enfraquecendo ainda mais o aperto do Branco sobre sua cabeça e pescoço. Observe o aumento do espaço entre os lutadores, como resultado do movimento de abertura do bloqueio. Esse aumento de espaço confere mais mobilidade ao Preto para escapar ou mesmo para contra-atacar.

Passo 1: Bloqueio reverso com a parte interna dos dois antebraços

Passo 2: Bloqueio reverso com a parte interna dos dois antebraços

Passo 3: Bloqueio reverso com a parte interna dos dois antebraços

Bloqueio escavado

Técnica

Bloqueio escavado – Preparação

Bloqueio escavado – Execução

Passo 1: Bloqueio escavado

Aplicação

O bloqueio escavado lembra o bloqueio com a parte externa do antebraço, mas difere na aplicação e uso. O bloqueio escavado emprega um movimento circular semelhante ao bloqueio com a parte externa do antebraço, mas o diâmetro do círculo que ele desenha é bem mais amplo. É por essa razão o bloqueio escavado é ensinado como uma ferramenta de bloqueio de ataque ao corpo e às pernas, enquanto o bloqueio com a parte externa do antebraço é usado para defesa a contra-ataques ao peito e cabeça. A preparação para

Passo 2: Bloqueio escavado

Passo 3: Bloqueio escavado

o bloqueio escavado começa na postura frontal com o braço de bloqueio estendido para baixo. A execução ocorre quando o praticante encaixa o quadril e permite que o braço faça um movimento circular até chegar à lateral do corpo com o cotovelo dobrado a 90 graus e o punho na altura do queixo.

1. O Preto utiliza o bloqueio escavado mais como uma técnica de ataque ao tornozelo do lutador. Nessa técnica o Preto se ajoelha ao mesmo tempo em que se move em direção ao Branco, mais como um ataque, e agarra a perna dianteira com uma mão enquanto usa o bloqueio escavado para tirar aquela perna do chão. Observe que, enquanto prende a perna do Branco, os quadris do Preto estão de frente para o Branco. O Preto vai combinar a tração do tornozelo com o movimento de bloqueio na parte de trás da perna e seu movimento para a frente para jogar o centro de gravidade do Branco para trás e desequilibrá-lo.

2. O Preto continua com a tração da perna e movimento de bloqueio do braço para desequilibrar ainda mais o seu oponente. O Preto encaixa completamente seu braço de bloqueio sob a perna do Branco e usará esse gancho para desequilibrar completamente o Branco. Nesse momento, o Preto poderia levar o Branco ao chão, chutando a base da perna ou dando um passo à frente ao mesmo tempo em que puxa sua perna. Dessa posição, o Preto tem muitas opções tanto para atacar quanto para derrubar.

3. O Preto volta os quadris para a perna do Branco, quebrando, assim, completamente seu equilíbrio, o que facilita a derrubada. O Preto agora tem controle sobre a perna do Branco e está em boa posição para atacar a virilha do Branco e terminar o confronto.

Bloqueio gancho

Técnica

Bloqueio gancho
– Execução

Passo 1: Bloqueio gancho

Aplicação

O bloqueio gancho é uma técnica subutilizada no arsenal do taekwondo. O bloqueio gancho é uma ferramenta eficiente tanto nos ataques quanto nas imobilizações. A preparação para o bloqueio é similar ao movimento circular usado no bloqueio com o dorso da mão aberto, fazendo um movimento circular com o braço, de baixo para cima. A única diferença é que a mão fica voltada para cima, no topo do círculo, de forma que é utilizada mais como uma forma de agarrar do que como uma de bloqueio.

1. O Branco ataca o Preto com uma pegada cruzada de punho, o que possibilitaria desequilibrar o Preto e controlar seu movimento. Ao ser atacado dessa maneira, o Preto imediatamente sai da linha de ataque e começa a balançar o braço na direção de seu movimento.

2. O Preto continua o movimento para fora da linha de ataque, enquanto mantém o balanço de braço do bloqueio gancho. Ao fazer isso, ele muda o jogo e desequilibra o Branco. Dessa melhora de posição e com o controle do braço do Branco, o Preto pode soltar a pegada e escapar ou desferir um chute circular no rosto, no abdômen ou nas pernas de seu adversário.

Passo 2: Bloqueio gancho

Bloqueio polo/ em forma de "U"

Técnica

**Bloqueio polo/Em forma de "U"
– Execução**

Aplicação

O bloqueio polo ou em forma de "U" é geralmente ensinado como defesa contra um golpe com bastão ou ainda como uma técnica de ataque à garganta e virilha. Não serve muito como bloqueio para entrada de ataques por ser um bloqueio lento que não parece se mover para qualquer ângulo que seja eficiente. No entanto, possui uma aplicação de imobilização eficiente para o praticante de quedas do taekwondo. O bloqueio é executado equalizando mãos e quadris e empurrando-os para a frente, como se vê na foto ao lado.

Abaixo, você pode observar que o Preto foi derrubado pelo Branco. Ao prender o pé do Branco, o Preto pode desequilibrá-lo usando a mão de cima para aplicar pressão sobre o quadril do Branco. Esse movimento simultâneo de puxa/empurra faz com que o Branco interrompa o ataque para recuperar o equilíbrio ou então cair ao chão.

Bloqueio polo/Em forma de 'U'

Bloqueio com a palma das duas mãos

Técnica

Aplicação

O bloqueio com a palma das duas mãos é uma prática incomum de bloqueio com a mão aberta usado no estilo Hwarang de faixa colorida. Como muitas outras técnicas de bloqueio duplo, não é eficaz para defesa por causa da dificuldade de execução em qualquer velocidade. Além do mais, o posicionamento das mãos o torna essencialmente inútil no bloqueio de qualquer ataque substancial. Contudo, o movimento de torção dos punhos durante a execução da técnica confere excelentes aplicações de imobilização que podem ser utilizadas para favorecer uma técnica de contra-ataque.

1. O Branco agarra os dois punhos do Preto. Esse é um ataque eficaz para o Branco porque impede a maioria dos movimentos de seu oponente e lhe dá a habilidade de controlar a capacidade do Preto de atacá-lo com os pés ou com as mãos.

2. Durante o bloqueio duplo com a palma das mãos, o Preto utiliza o movimento circular dos punhos para fora e então começa a se livrar do controle do Branco. Ao atacar os polegares do Branco, que são a parte mais fraca da pegada, o Preto consegue quebrar o alcance do Branco.

3. O Preto completou o movimento circular do bloqueio com as palmas das mãos e, ao agarrar os dedos do Branco, reverteu o ataque para uma chave dupla de punho. Dessa posição, o Preto pode aumentar a intensidade da dor que inflige ao Branco, controlando-o e tornando mais fácil movê-lo para onde quiser.

Passo 1: Bloqueio duplo com a palma das mãos

Passo 2: Bloqueio duplo com a palma das mãos

Passo 3: Bloqueio duplo com a palma das mãos

Bloqueio tesoura

Técnica

Bloqueio tesoura – Preparação

Bloqueio tesoura – Execução

Aplicação

O bloqueio tesoura é uma técnica aparentemente estranha, executada no nível faixa preta do estilo Po-Eun, assim como algumas outras poucas técnicas. Enquanto parece ter uma aplicação viável como defesa contra socos e chutes simultâneos ou ataques de duplo chute, o movimento tesoura do bloqueio faz com que seja uma excelente técnica de imobilização que utiliza sua força natural de alavanca. As fases de preparação e execução do bloqueio tesoura são as mesmas. A preparação de um bloqueio tesoura alto com a mão direita pressupõe a posição de bloqueio alto com a mão esquerda, trocando a posição dos braços na fase de execução.

1. O Preto tenta utilizar o bloqueio tesoura sobre o Branco como técnica de projeção. A fim de ver a aplicação de imobilização do bloqueio tesoura, você deve mudar o plano no qual a técnica acontece. Enquanto a técnica de bloqueio ocorre no plano vertical, a aplicação de imobilização ocorre no plano horizontal. O Preto posiciona seu centro de gravidade abaixo de seu oponente e cria um apoio nos quadris dele, colocando um braço atrás dos joelhos do

Passo 1: Bloqueio tesoura

Branco e o outro sobre seu abdômen. Observe que o Preto não dobra apenas a linha de cintura, ele flexiona as pernas para se abaixar e se colocar em posição de deslocar o Branco.

2. Para dar força à técnica, o Preto utiliza sua perna e a postura de quadril desde a posição inicial. O Preto se direciona para cima enquanto utiliza seus braços em tesoura para levantar o Branco do chão. Observe que a posição inicial do Preto permite que fique em posição estável enquanto controla o corpo do Branco fora do chão. O Preto não tira simplesmente seu adversário do chão; ele combina a elevação do seu corpo com a ação de tesoura do bloqueio para levantar o Branco. Essa combinação de movimento faz com que a parte da elevação seja feita sem esforço. Dessa posição, o resultado final é óbvio: o Preto vai jogar o Branco de costas ou de cabeça.

3. O Preto jogou o Branco de costas. O Preto pode liberar o Branco soltando sua perna ou controlar a posição do Branco, posicionando o joelho sobre o peito do Branco, e terminar com golpes.

Passo 2: Bloqueio tesoura   **Passo 3: Bloqueio tesoura**

Bloqueio duplo com a mão alongada

Técnica

Bloqueio duplo com a mão alongada
– Preparação

Bloqueio duplo com a mão alongada
– Execução

Aplicação

O bloqueio duplo com a mão alongada é uma das técnicas de bloqueio mais conhecidas dentro do arsenal do taekwondo. É outra de uma série de técnicas de bloqueio que, embora seja eficaz como defesa a contra-ataques, quando se executa o bloqueio de forma adequada, é muito lenta para ser considerada como ferramenta viável de defesa. Ainda que sua aplicação de imobilização esteja escondida, a ação combinada de quadril e braço exigida por essa técnica lhe confere aplicações vantajosas de imobilização. A preparação requer que o praticante gire o quadril para trás e estenda os braços para trás do corpo, mantendo-os paralelos ao chão. O praticante executa o bloqueio girando rapidamente os quadris para a frente e conclui com um movimento dos braços, similar ao de um chicote. Na posição final, o braço de bloqueio está logo abaixo da altura do ombro e o cotovelo dobrado em um ângulo de 90 graus. A mão contrária fica com a palma voltada na altura do peito com o cotovelo apontado para trás.

1. O Preto começa a aplicação do bloqueio duplo com a mão em faca, agarrando a lapela do Branco com a mão direita e seu punho com o braço de bloqueio. A posição de costas, ou posição em "L" típica desse bloqueio, coloca o Preto em uma posição estável para executar a técnica.

2. O Preto começa o movimento para a frente mantendo a pegada na lapela e no punho do Branco. Simultaneamente, ele amplia sua posição de forma que seu quadril bloqueie o do Branco e sirva como um suporte para a técnica de jogada ao chão. O bloqueio do quadril do Branco pelo Preto é crucial para essa técnica e sublinha a necessidade de posturas fortes no treinamento de taekwondo. É importante notar que, conforme o Preto posiciona seu quadril abaixo do quadril do Branco, ele consegue colocar o Branco sobre seu quadril, quebrar seu equilíbrio e executar a técnica.

3. O Preto continua o movimento do quadril para a frente, o que quebra completamente o equilíbrio do Branco, e tira seus pés do chão. Como a posição do quadril do Preto está abaixo do quadril do Branco, fica fácil para o Preto tirar o Branco do chão e girá-lo sobre seu quadril.

4. Ao completar o movimento de quadril e braço, o Preto joga o Branco sobre seu quadril e o atira ao chão. Apesar de parecer oculto, os princípios por trás de um bloqueio duplo com a mão em faca são muito similares aos da técnica de jogo de quadril.

Imobilizações nas Técnicas de Bloqueio

Passo 1: Bloqueio duplo com a mão alongada

Passo 2: Bloqueio duplo com a mão alongada

Passo 3: Bloqueio duplo com a mão alongada

Passo 4: Bloqueio duplo com a mão alongada

Bloqueio duplo baixo com as mãos alongadas

Técnica

Bloqueio duplo baixo com as mãos alongadas – Preparação

Bloqueio duplo baixo com as mãos alongadas – Execução

Aplicação

O bloqueio duplo baixo com as mãos alongadas é muito similar ao bloqueio duplo descrito anteriormente. A diferença básica entre os dois é que, enquanto o bloqueio duplo é tradicionalmente empregado para defesa a contra-ataques de mão ao rosto, o bloqueio duplo baixo é usado para defesa a contra-ataques de chutes como o chute frontal ou o circular. A preparação para o bloqueio duplo baixo é idêntica à do bloqueio duplo. O quadril fica voltado para trás e os braços alongados para trás do corpo, paralelos ao chão. A execução do bloqueio duplo baixo é similar à do bloqueio alto. A diferença é que no bloqueio duplo baixo os braços ficam em um ângulo de 45 graus e os dedos, apontados para o chão, em vez de paralelos ao chão.

1. O Branco ataca o Preto com uma pegada cruzada de punho. Essa técnica permite que o Branco controle o movimento do Preto para a frente e para trás e também lhe dá a habilidade de girar seu adversário e segurar suas costas para aplicar as técnicas de choque e queda.

2. O Preto inicia o movimento *chamber* do bloqueio, virando seu quadril para trás para se colocar em posição de usar o quadril em um contra-ataque potente. Ao girar seu quadril, o Preto cruza o braço de ataque do Branco sobre seu corpo e para fora de seu quadril. Assim que os braços se alongam, o Preto agarra o punho de ataque do Branco.

3. O Preto começa a girar seu quadril para o lado oposto na direção do bloqueio e utiliza o aperto no punho do Branco com a mão de bloqueio como uma técnica de chave de articulação para controlar o movimento do Branco e direcioná-lo para seu contra-ataque. Observe que a mão oposta dá ao Preto maior controle sobre cabeça e pescoço do Branco.

4. O Preto continua a girar o quadril e prossegue o movimento de braço na frente do Branco para desequilibrá-lo até o ponto de forçá-lo a ir ao chão. É importante notar que, nesta ação do quadril na técnica de bloqueio, as mãos do Preto mantêm a pegada no punho e na parte de trás da cabeça/pescoço do Branco, com objetivo de controle.

   Após completar a rotação de quadril e o movimento de braço, o Branco é levado ao chão como resultado da chave de articulação e ainda continua sendo controlado pelo Preto, que está agora em posição superior de controle sobre seus movimentos. Dessa posição, o Preto é capaz de contra-atacar o oponente derrubado e pode aumentar a pressão na chave de articulação ou simplesmente soltar a chave e escapar.

56 Técnicas de Imobilização do Taekwondo

Passo 1: Bloqueio duplo baixo com a mão alongada

Passo 2: Bloqueio duplo baixo com a mão alongada

Passo 3: Bloqueio duplo baixo com a mão alongada

Passo 4: Bloqueio duplo baixo com a mão alongada

Bloqueio descendente com as duas mãos

Técnica

Bloqueio descendente com as duas mãos – Preparação

Bloqueio descendente com as duas mãos – Execução

Aplicação

O bloqueio descendente com as duas mãos é como muitos outros bloqueios que não tem uma aplicação óbvia de defesa contra um ataque surpresa. Entretanto, esse bloqueio tem uma ferramenta eficiente de imobilização para controlar a posição do oponente, especificamente para derrubá-lo ao chão. Isso acontece porque se larga o peso do corpo durante a execução do bloqueio. O praticante prepara o bloqueio ao cruzar os braços na frente do corpo na altura do peito, da mesma forma que na posição de preparação do bloqueio duplo com a parte interna do antebraço. A execução acontece quando os braços são descruzados e impulsionados para baixo de forma que na posição final as mãos estejam acima das coxas com os braços ligeiramente arcados.

1. O Preto assume a posição de preparação para o bloqueio usando os punhos cruzados para agarrar a lapela do Branco. As mãos do Preto estão cruzadas e posicionadas na parte interna da lapela do adversário. Nessa posição, as mãos tanto podem ser utilizadas para controlar o Branco pela lapela ou ser facilmente deslocadas para a gola junto ao pescoço, de forma que os ossos dos antebraços fiquem contra as laterais do pescoço do Branco, sendo que os polegares do Preto conseguem tocar a parte de trás do pescoço do Branco.

2. O Preto executa a técnica de asfixia dando um passo para trás e soltando o peso do corpo, o que faz com que o Branco seja puxado para a frente e para baixo, desequilibrando-se. Quando o Preto solta o peso do corpo e puxa o Branco para baixo, ele aumenta o aperto na lapela do Branco, resultando em uma técnica de asfixia com os antebraços do Preto pressionados contra as carótidas do Branco.

Passo 1: Bloqueio descendente com as duas mãos

Passo 2: Bloqueio descendente com as duas mãos

Bloqueio com a parte externa dos dois antebraços

Técnica

Bloqueio com a parte externa dos dois antebraços – Preparação

Bloqueio com a parte externa dos dois antebraços – Execução

Aplicação

Assim como a maioria dos bloqueios duplos, esse bloqueio tem mais aplicações de imobilização do que de ataque. A preparação para esse bloqueio envolve o cruzamento dos braços na frente do corpo, bem como o bloqueio descendente, exceto que nesse caso os braços estão paralelos ao chão e não perpendiculares. A execução é feita circundando os braços para cima e para fora, em um movimento circular.

1. O Branco ataca o Preto tentando agarrar suas pernas. Se o Branco não for contido, ele vai agarrar uma ou ambas as pernas do Preto, controlar seu quadril, levantá-lo e jogá-lo ao chão. A queda dará ao Branco controle total na disputa, deixando o Preto impossibilitado de utilizar qualquer uma de suas ferramentas de ataque.

2. O Preto começa a se defender da pegada de perna, colocando seu quadril e pernas para longe do Branco, em uma técnica que é uma modificação da abertura na luta livre. O Preto também vai movimentando seus braços e prepara a posição para o bloqueio com a parte externa dos dois antebraços, conseguindo assim controle sobre o tronco do Branco, o que prejudica a tentativa do Branco de derrubá-lo.

3. O Preto realiza a fase de execução do bloqueio com a parte externa dos dois antebraços e consegue controlar o corpo do Branco ao segurá-lo com duplo gancho. Observe

que o Preto também moveu seu quadril e pernas para longe do Branco, evitando dessa forma que ele complete seu ataque. Como o Preto manteve sua estabilidade, ele agora está pronto para contra-atacar a tentativa do Branco de derrubá-lo, sendo capaz de jogar o Branco ao chão com uma joelhada no meio do corpo ou, com um movimento circular, levar a perna traseira para trás e levantá-lo com seu braço direito.

Passo 1: Bloqueio com a parte externa dos dois antebraços

Passo 2: Bloqueio com a parte externa dos dois antebraços

Passo 3: Bloqueio com a parte externa dos dois antebraços

Bloqueio montanha

Técnica

Bloqueio montanha – Preparação

Bloqueio montanha – Execução

Aplicação

Esse é um dos bloqueios esteticamente mais agradáveis do arsenal do praticante de taekwondo. Apesar de ser tecnicamente projetado para defesa a contra-ataques laterais simultâneos, é a ação do quadril e a soltura do peso do corpo que acontece durante a execução que dão a esse bloqueio a aplicabilidade de imobilização. O Preto se prepara para o bloqueio ao cruzar os braços na frente do corpo enquanto se mantém em uma posição de retaguarda. A execução ocorre quando o Preto encaixa o quadril e solta seu peso em uma posição agachada, o que permite que os braços se movam para a posição final.

1. O Preto utilizou a técnica de soltar o peso do corpo para ficar em uma posição mais baixa do que o Branco. O braço esquerdo do Preto controla o braço direito do Branco, e o braço direito

do Preto fica em posição de controlar o quadril do Branco. Observe que o Preto se ajoelha e se coloca abaixo do centro de gravidade do Branco, sem dobrar as costas.

2. O Preto emprega o giro de quadril do bloqueio montanha combinado com a ação de puxar o braço do Branco e a elevação de seu quadril para quebrar seu equilíbrio e levá-lo ao chão. Dessa posição, fica óbvio que a aplicação do bloqueio montanha é um *kata guruma** de joelhos, uma derrubada de ombro do judô ou um golpe de queda de luta livre. Como o Preto tirou completamente o equilíbrio do Branco, ele vai continuar o movimento circular do ataque ao puxar o braço do Branco para baixo, ao mesmo tempo em que o levanta sobre sua coxa. Essa combinação de movimentos permitirá que o Preto jogue o Branco sobre seus ombros e leve-o ao chão.

3. O Preto termina de derrubar o Branco e agora está em posição de controle sobre ele. Com o controle de sua perna e de seu braço, o Preto tem muitas opções de ação. Ele pode girar sobre o corpo do Branco e aplicar uma chave de joelho ou uma chave de braço no braço alongado do Branco. Enfim, ele pode atacar o Branco de inúmeras formas.

---

* N.T.: *Kata guruma* = um dos 40 golpes tradicionais do judô.

Imobilizações nas Técnicas de Bloqueio 63

Passo 1: Bloqueio montanha

Passo 2: Bloqueio montanha

Passo 3: Bloqueio montanha

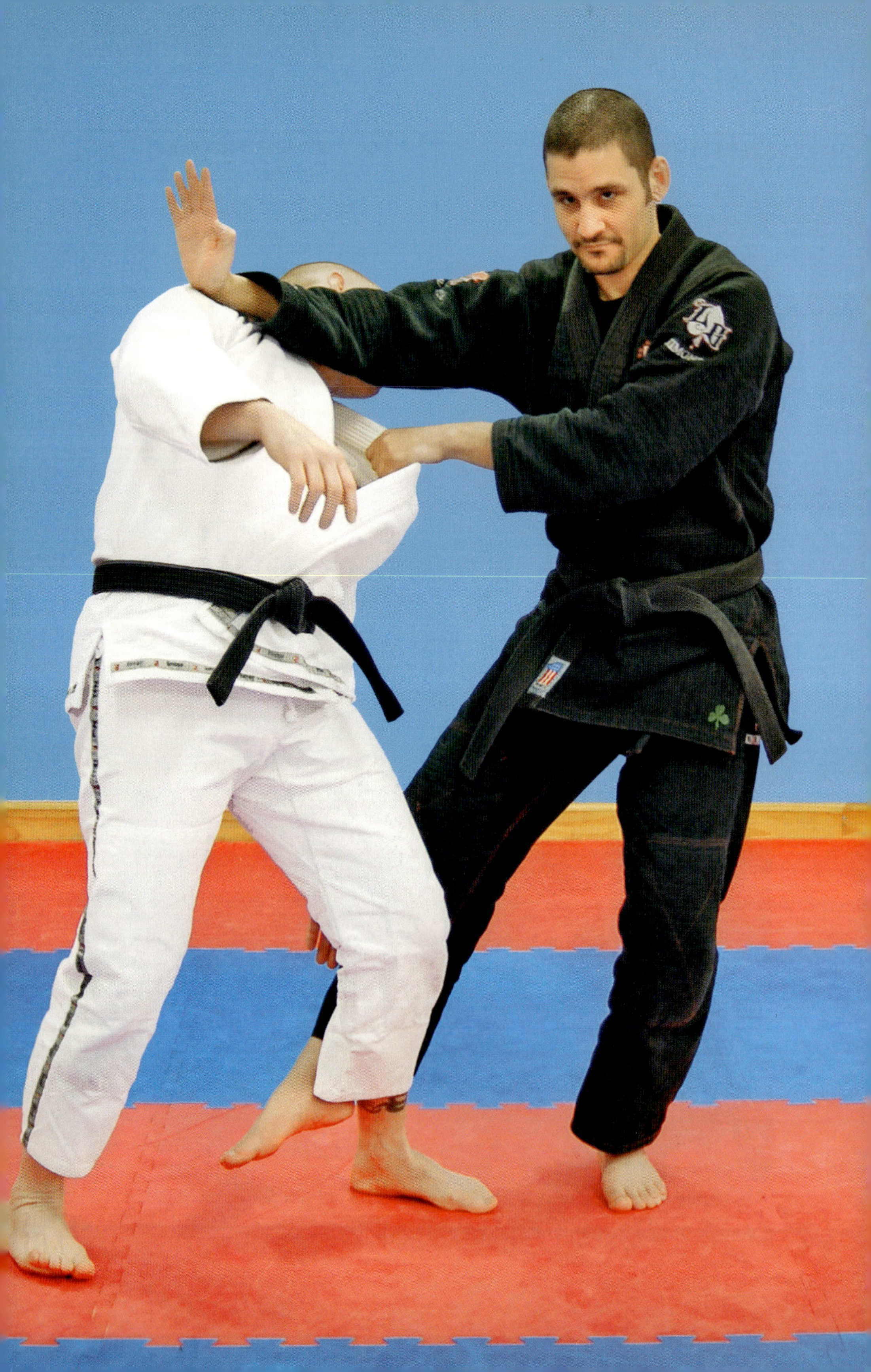

CAPÍTULO 3

Imobilização nos Golpes e Chutes

Soco ataque

Técnica

Soco ataque – Execução

Aplicação

O soco ataque é provavelmente a primeira técnica de ataque ensinada nas artes marciais tradicionais que focam o ataque. Apesar de parecer que a técnica não tem utilidade a não ser para ataque, é exatamente o atributo que faz dela uma técnica poderosa de ataque e lhe dá também a aplicabilidade de imobilização. A força desse soco vem da combinação simultânea do impulso do corpo para a frente com o encaixe do quadril. A retração da mão que não está socando, para trás dos quadris, adiciona força ao ataque.

1. O Preto prepara a aplicação de imobilização do soco ataque avançando sobre o Branco com uma técnica de pegada dupla. Ao fazer isso, ele controla os dois lados do Branco e é capaz de manipular seu centro de gravidade e desequilibrá-lo tanto com a técnica de ataque quanto com a de derrubada.

2. O Preto utiliza a alavancagem da pegada para executar a aplicação de imobilização do soco ataque sobre o Branco. O Preto faz os movimentos simultâneos de puxar/empurrar do soco ataque, para puxar o braço direito do Branco ao mesmo tempo em que empurra o braço esquerdo, desequilibrando o Branco. Como o Preto combinou o movimento de quadril com o de braço, ele agora está em posição de executar um chute circular poderoso nas pernas ou nas costas do Branco. Alternadamente, se quiser, o Preto pode continuar o movimento de puxa/empurra e levar o Branco ao chão.

Imobilização nos Golpes e Chutes

Passo 1: Soco ataque

Passo 2: Soco ataque

Soco reverso

Técnica

Soco reverso – Execução

Aplicação

O soco reverso é executado quase da mesma forma que o soco ataque. A ação de puxa/empurra dos braços combinada com o movimento de encaixe do quadril proporciona uma grande energia. A diferença primária entre as duas técnicas é a colocação da perna em relação à mão de ataque. No soco reverso, o braço de ataque e a perna oposta estão para a frente, enquanto no soco ataque o braço e perna do mesmo lado é que estão para a frente.

1. O Preto ataca o Branco com uma combinação da pegada de lapela e quadril. A posição da mão do Preto é comum em muitas artes de imobilização e permite que ele controle o Branco em dois pontos de articulação de seu corpo, os ombros e o quadril. Com a chave, o Preto é capaz de controlar a postura do Branco e movê-lo para onde quiser.

2. O Preto faz o movimento puxa/empurra do soco reverso empurrando com a chave de ombro ao mesmo tempo em que puxa com a chave de quadril. Isso permite que ele force o Branco para uma posição de desequilíbrio. Observe a posição da perna dianteira do Preto enquanto ele combina a ação do braço com a técnica de varredura, o que assegura que o Branco não será capaz de se reequilibrar.

Imobilização nos Golpes e Chutes

Passo 1:
Soco reverso

Passo 2:
Soco reverso

Soco gancho

Técnica

Soco gancho – Execução

Aplicação

O soco gancho do taekwondo é muito parecido com o soco gancho do boxe. A diferença é na execução, que dá vantagem à versão do boxe. No taekwondo, a maioria das técnicas de soco é raramente usada como outra coisa senão um conjunto de técnicas de chute. Em razão disso, o soco no taekwondo é executado sem a ação do quadril, necessária para que seja uma técnica formidável de ataque ofensivo. Sua natureza circular, contudo, lhe dá uma aplicação eficiente para imobilização.

1. O Preto aplica o soco gancho sobre o Branco em um ataque pelas costas e utiliza a mão esquerda para evitar que o Branco se vire e aplique o soco gancho, colocando-a próximo da linha da mandíbula para executar a técnica de controle. Ao controlar o ombro e a cabeça do Branco, o Preto tem controle sobre a mobilidade e estabilidade de seu adversário.

2. O Preto continua a técnica do soco gancho utilizando-a como técnica de controle sobre cabeça e pescoço do Branco. Observe a mudança de posição do quadril do Preto na transição do Passo 1 para o 2. É por meio do giro de quadril que o Preto consegue força para controlar firmemente a cabeça e o pescoço do Branco. Dessa posição, ele pode continuar girando, ou arrastar o Branco para o chão, ou girar completamente o quadril e usar a chave na cabeça do Branco como alavanca para jogá-lo sobre seu quadril.

Passo 1:
Soco gancho

Passo 2:
Soco gancho

Golpe com a palma da mão

Técnica

Golpe com a palma da mão – Execução

Aplicação

O golpe com a palma da mão é executado de forma similar ao soco ataque. Contudo, as diferenças na aplicação de imobilização são tão diversas quanto a aparência física individual das técnicas. Enquanto o soco ataque (ou outro ataque com o punho) pode ser aplicado como um ataque de agarramento, o golpe com a palma da mão é interpretado como uma técnica de empurrar, usada para permitir que o praticante crie espaço entre ele e seu adversário.

1. O Branco ataca o Preto com uma pegada frontal de garganta. Esse é um ataque eficiente que dá ao Branco a habilidade de controlar a cabeça e o equilíbrio do Preto. O Branco pode utilizar esse ataque para colocar as costas do Preto contra uma parede, ou outra posição impossível de escape, ou o Branco pode simplesmente apertar o pescoço do Preto, sufocando-o e possivelmente machucando sua traqueia.

2. O Preto se defende do ataque à garganta, atacando o ponto fraco dessa pegada – o polegar; ao girar na direção do polegar, o Preto enfraquece a pegada do Branco. O Preto facilita a escapada ao afastar o quadril do ataque, ao mesmo tempo em que ataca as costelas do Branco com a palma da mão. A eficácia do ataque na costela com a palma da mão é dupla: primeiro, enfraquece o Branco atacando-o em uma área sensível; segundo, cria um calço que ajuda o Preto a se livrar da pegada do Branco. Dessa posição, o Preto pode escapar ou capitalizar o momento de fraqueza do Branco e aplicar um contra-ataque.

Imobilização nos Golpes e Chutes 73

Passo 1:
Golpe com a palma da mão

Passo 2:
Golpe com a palma da mão

Golpe com a mão alongada

Técnica

Golpe com a mão aberta
– Preparação

Golpe com a mão aberta
– Execução

Aplicação

Esse golpe é um dos mais conhecidos dentro das artes marciais tradicionais. Para executá-lo, cruzam-se os braços com a mão de ataque encaixada por cima do outro braço. O poder desse golpe vem do movimento de encaixe do quadril que resulta no movimento da mão alongada em um plano paralelo ao solo.

Imobilização nos Golpes e Chutes

1. O Preto ataca o Branco agarrando a lapela oposta. Com essa técnica o Preto pode desequilibrar o Branco, tornando sua técnica de ataque mais eficiente e poderosa.

2. Utilizando o braço que agarrou o Branco, o Preto puxa-o de encontro ao seu corpo e assume a posição encaixada para o golpe com a mão alongada. Ao fazer isso, ele desequilibra o Branco e abre alvos potenciais para seu golpe.

3. O Preto continua o movimento de puxar e, ao fazer isso, ele abre seu quadril com um movimento contra o Branco. Isso permite que o golpe acerte o Branco com um movimento similar ao de um chicote aumentando a potência do golpe. Dependendo da proximidade relativa entre o Preto e o Branco, o cotovelo, o antebraço ou a mão alongada podem ser implementos de ataque. Observe a posição do pé dianteiro do Preto em relação ao pé dianteiro do Branco.

4. O Preto continua o golpe com a mão alongada e aplica uma rasteira no Branco que quebra seu equilíbrio de forma eficiente. A combinação puxa/empurra desse golpe com a combinação do golpe/varredura faz com que o Preto derrube o Branco, permitindo que ele escape com segurança ou contra-ataque para terminar o confronto.

**Passo 1:
Golpe com a mão alongada**

Passo 2:
Golpe com a
mão alongada

Passo 3:
Golpe com a
mão alongada

Passo 4:
Golpe com a
mão alongada

Golpe com as duas mãos alongadas

Técnica

Golpe com as duas mãos alongadas – Preparação

Golpe com as duas mãos alongadas – Execução

Aplicação

Essa é outra das técnicas de taekwondo que não parece ter uma aplicação prática viável. Não é um golpe prático por causa da falta de velocidade de execução e também da improbabilidade de ser usada como ferramenta de autodefesa. Contudo, esse golpe fortalece ombro e braço do praticante e ensina a cuidar da simetria da posição. A preparação desse golpe envolve o cruzamento dos braços em frente do corpo da mesma forma que um ataque com a mão alongada. Na execução, o praticante rapidamente estende os dois braços em direções opostas, mantendo-os paralelos ao chão.

1. O Branco ataca o Preto agarrando as duas lapelas. Com esse ataque, ele está pronto para desiquilibrar o Preto. O Branco agora está em posição de empurrar ou puxar o Preto em qualquer direção que julgar necessária.

2. O Preto começa a se defender do ataque do Branco assumindo a posição de preparação para o golpe com as duas mãos

Passo 1:
Golpe com as duas mãos alongadas

Passo 2:
Golpe com as duas mãos alongadas

Passo 3:
Golpe com as duas mãos alongadas

alongadas. A palma das mãos do Preto estão voltadas para ele de forma que, ao executar a técnica, a abertura dos braços servirá para afrouxar o aperto do Branco. Ademais, o Preto agora fez contato com os braços do Branco de forma que pode sentir os movimentos do Branco e ajustar-se facilmente a eles.

3. O Preto movimentou-se para a fase de execução do golpe e, ao fazer isso, quebrou completamente o domínio do Branco sobre ele. Adicionalmente, o Preto combinou o movimento do golpe com as duas mãos alongadas com um passo para trás para aumentar o poder de elevação da técnica. Observe, também, que esse golpe aplica pressão no aperto do Branco de forma que ataca seus polegares, que são a parte mais fraca do aperto. Dessa posição, o Preto pode agora executar um contra-ataque ao Branco, agarrando a parte de trás de sua cabeça e aplicando um golpe de joelho no abdômen dele ou, se preferir, o Preto pode simplesmente escapar.

Golpe com a mão em lança

Técnica

Golpe com a mão em lança – Execução

Aplicação

Essa é uma técnica única das artes marciais. Utilizando a ponta dos dedos como superfície de ataque, ela tem encontrado seu nicho como uma técnica de quebra para demonstrações, com pouca aplicação prática. Geralmente, ensina-se que sua aplicação nos estilos é de um bloqueio com a mão de apoio seguida pela mão com o dorso aberto em direção ao plexo solar do atacante. Apesar de o ataque ao plexo solar com os dedos ser eficaz, seria difícil executá-lo em uma situação real e, ademais, um soco reverso seria muito mais eficaz. O golpe com a mão em lança é executado quase da mesma forma que o soco reverso, completo com a combinação oposta mão, pé e encaixe do quadril para potencializar o golpe.

1. O Branco ataca o Preto com uma pegada básica de lapela. Usando essa técnica, o Branco pode desequilibrar o Preto tornando sua própria técnica subsequente de ataque mais eficaz e poderosa. Contudo, o Preto não está indefeso nesse ataque, pois ele é capaz de atacar o Branco com a mesma facilidade. A pegada do Branco só lhe dá vantagem se ele executar rapidamente um ataque ofensivo.

2. O Preto continua a preparação do golpe usando o apoio da mão para prender a mão do Branco ao seu peito. Dessa posição, o Preto é capaz de executar a chave de articulação ou iniciar o controle sobre o braço do Branco, levando a um contra-ataque.

3. Com a mão do Branco presa, o Preto executa o golpe com a mão em lança por debaixo do braço de ataque do Branco. Empurrando o dorso da mão sob o braço do Branco entre o ombro

e o cotovelo, o Preto trava o ombro e cotovelo do Branco de forma eficaz. O Preto pode então continuar empurrando a mão em lança para a frente para quebrar o equilíbrio do Branco ou pode simplesmente utilizar a posição desequilibrada do Branco para começar a golpeá-lo.

Passo 1: Golpe com a mão em lança

Passo 2: Golpe com a mão em lança

Passo 3: Golpe com a mão em lança

Golpe com o dorso da mão aberto

Técnica

Golpe com o dorso da mão aberto – Execução

Aplicação

Esse golpe é uma das técnicas mais heterodoxas encontradas no taekwondo, tanto na apresentação quanto na aplicação. A superfície de ataque do dorso da mão ou da mão aberta reversa, como é algumas vezes chamada, é a área carnuda entre o polegar e o indicador. O dorso da mão não é utilizado com frequência nas lutas, pois o caminho circular que percorre torna essa técnica mais lenta que a maioria das outras técnicas de mão. Contudo, é esse movimento circular que o torna uma ótima ferramenta para demonstrações de quebra ou de imobilizações.

1. O Branco ataca o Preto com um soco *looping* que é uma técnica frequentemente empregada por lutadores inexperientes. O Preto evita o soco colocando-se fora da linha de ataque em um ângulo de 45 graus e começa o movimento circular com o dorso da mão aberto.

4. O Preto continua o movimento circular enquanto evita o soco *looping*, o que resulta no Preto conquistando uma posição sobre a lateral do Branco com o braço do Branco preso para evitar que o utilize novamente para um ataque. O golpe com o dorso da mão aberto tem impacto sobre o peito/pescoço do Branco e o desorienta por algum tempo.

5. O Preto continua o movimento utilizando seu impulso e a dinâmica do impulso do golpe do Branco para se colocar por trás do Branco. O Preto deixa que o movimento circular natural do golpe continue ao redor do pescoço do Branco, o que resulta na asfixia com um dos braços. Dessa posição por trás do Branco, o Preto está livre dos ataques do Branco, capaz de escapar e desimpedido para contra-atacar.

Passo 1:
Golpe com o dorso da mão aberto

Passo 2:
Golpe com o dorso da mão aberto

Passo 3:
Golpe com o dorso da mão aberto

Soco duplo alto

Técnica

Soco duplo alto – Execução

Aplicação

Esse soco é uma técnica de ataque usada para ensinar simetria de movimento e coordenação dentro do padrão do taekwondo. Não é uma boa técnica de luta por sua baixa velocidade e falta de adaptabilidade. Contudo, sua simetria proporciona uma aplicação eficiente de imobilização.

1. O Preto utiliza os dois punhos do soco alto como ataque para agarrar a lapela do Branco. O Preto está em posição de atacar o Branco com os joelhos ou de soltar uma das mãos e executar o golpe com cotovelo.
2. Da posição de pegada da lapela, o Preto direciona os punhos para as laterais do pescoço do Branco (artérias carótidas) executando uma técnica de asfixia. O Preto agora está no controle dos movimentos do Branco e com esse controle pode levá-lo ao chão e continuar a técnica de asfixia.

Passo 1: Soco duplo alto

Passo 2: Soco duplo alto

Golpe com o cotovelo traseiro alto

Técnica

Golpe com o cotovelo traseiro alto – Execução

Aplicação

Esse é um dos muitos golpes com cotovelo utilizados no taekwondo. O golpe com o cotovelo traseiro alto (assim como o golpe com o cotovelo traseiro baixo) é usado mais em situações de autodefesa para incapacitar um atacante pela retaguarda, iniciando um contra-ataque com golpes, travas de articulações ou simplesmente para escapar. Sua execução é bem simples e o único parâmetro é manter o braço de ataque paralelo ao solo.

A aplicação de imobilização desse golpe não é tão evidente como para as outras técnicas de ataque. Esse golpe de cotovelo é basicamente utilizado para puxar o oponente para uma posição em que pode aplicar outro golpe ou um contra-ataque.

1. O Preto se prepara para o golpe com o cotovelo colocando-se à frente e agarrando o Branco pela lapela. Essa pegada dá ao Preto a oportunidade de conseguir mais controle sobre o Branco, o que poderia levar a uma força maior nos ataques ou na luta.

2. O Preto executa o golpe com o cotovelo traseiro alto e como resultado o Branco é puxado para a frente e perde o equilíbrio. Observe a ação do quadril do Preto ao executar o golpe com o cotovelo. Ao dar um passo para trás e aumentar o força do movimento com o quadril, o Preto tem maior capacidade de desequilibrar o Branco. O fato de simplesmente puxar com o braço não dará força suficiente para provocar o efeito desejado.

Imobilização nos Golpes e Chutes 85

Passo 1: Golpe com o cotovelo traseiro alto

Passo 2: Golpe com o cotovelo traseiro alto

Golpe com os dois cotovelos traseiros altos

Técnica

Golpe com os dois cotovelos traseiros altos – Execução

Aplicação

Em situações de autodefesa esse golpe não tem a mesma eficiência do golpe com um cotovelo só, por duas razões: primeiro, o uso dos dois braços simultaneamente anula a habilidade do praticante de utilizar seu quadril de forma mais eficaz. Segundo, as situações de autodefesa em que atacantes estejam posicionados simetricamente ao redor da vítima são, na melhor das hipóteses, raras. A técnica é executada da mesma forma que no golpe com o cotovelo traseiro alto, exceto pelo fato de que os dois cotovelos são impulsionados para trás ao mesmo tempo. A mecânica desse golpe é que faz dele uma técnica poderosa de asfixia.

1. O Preto ataca o Branco por trás com uma pegada cruzada de lapela.

2. Ao executar o golpe com o cotovelo, o Preto puxa as lapelas ao redor do pescoço do Branco, o que resulta em uma técnica traseira de asfixia cruzada.

Passo 1: Golpe com os dois cotovelos altos

Passo 2: Golpe com os dois cotovelos altos

Golpe vertical ascendente com o cotovelo

Técnica

Golpe vertical ascendente com o cotovelo – Execução

Aplicação

Em geral os cotovelos são armas relegadas dentro do arsenal de golpes do taekwondo. Isso porque os golpes de cotovelo não têm lugar nas regras de luta de taekwondo e são tipicamente utilizados somente em estilos e treino. A compreensão das aplicações de imobilização dos golpes de cotovelo permitirá que você os utilize como algo além de um golpe com proximidade. Para executar esse golpe, flexione o cotovelo o máximo possível e gire o braço flexionado para cima de forma que a ponta do cotovelo se mova para cima, do chão para o teto.

1. O Branco ataca o Preto com uma pegada lateral de ombro. Essa técnica de ataque pode ser utilizada para desequilibrar o Preto, girá-lo e pegá-lo por trás para executar uma asfixia ou para estabilizá-lo para ataques de chute ou soco.

2. O Preto segura a mão do Branco e se coloca fora da linha de ataque. O Preto então executa um golpe vertical ascendente no cotovelo do Branco. Dessa posição, o Preto tem a possibilidade de aplicar uma pressão constante sobre o cotovelo do Branco, hiperestendendo a articulação, o que permite que ele controle o Branco e prepare outros ataques. Ou, se preferir, ele pode atacar o cotovelo com força, quebrando a articulação e terminando com a capacidade de luta do Branco.

Passo 1: Golpe vertical ascendente com o cotovelo

Passo 2: Golpe vertical ascendente com o cotovelo

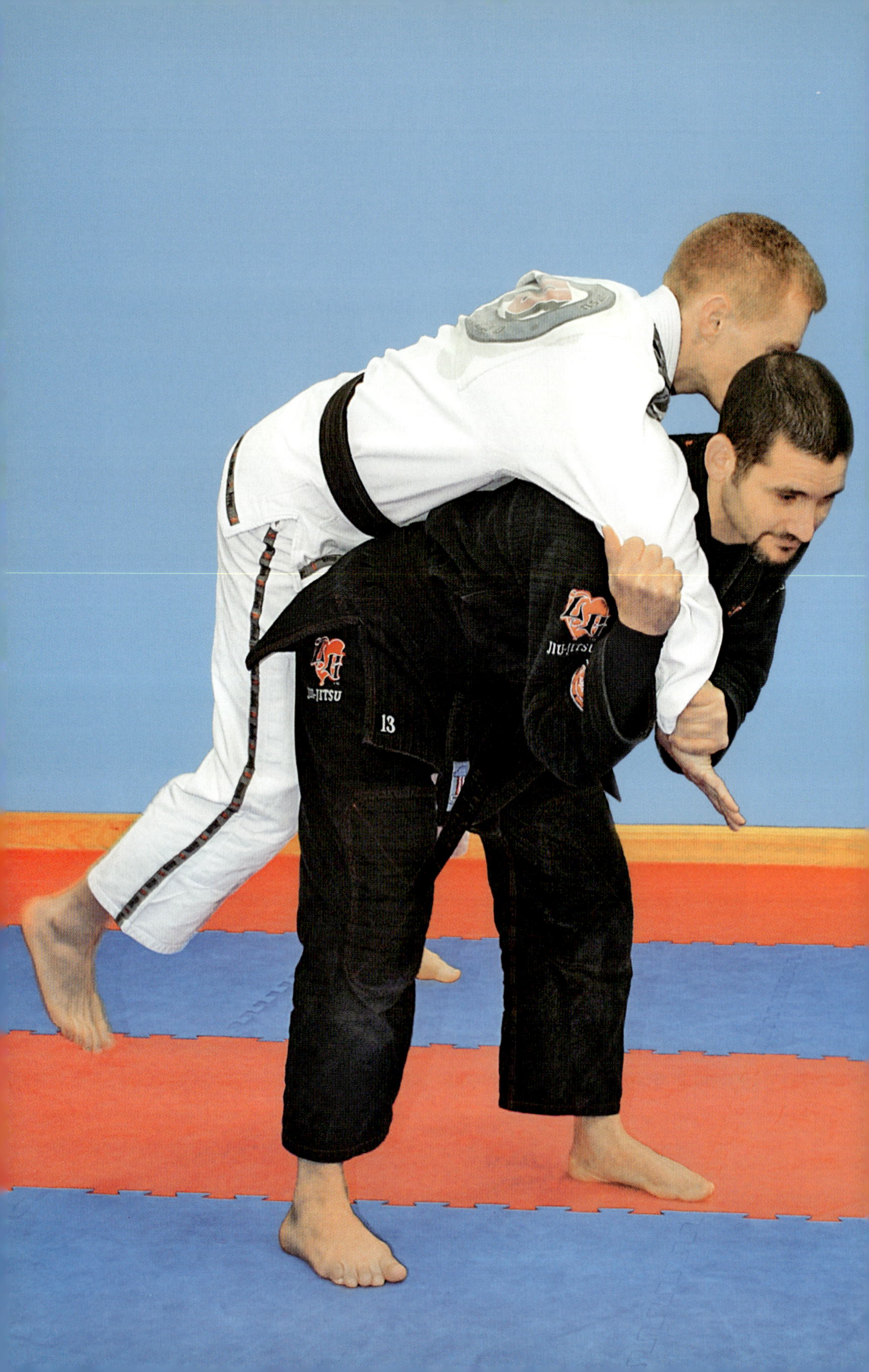
JIU-JITSU
JIU-JITSU
13

CAPÍTULO 4

Chon-Ji

Chon-Ji é o primeiro estilo ensinado aos praticantes faixa branca de taekwondo. Chon-Ji significa Céu e Terra. Na cultura asiática, é interpretado como a criação do Universo e, portanto, deve ser o primeiro modelo a ser aprendido por um principiante. Esse tema surge do I Ching ou Livro das Mutações. Ele ensina ao aluno os bloqueios e ataques básicos do estilo, incluindo o bloqueio descendente que representa a terra, o bloqueio com a parte externa do antebraço que representa o céu, e o soco ataque.

O padrão de movimento para as quatro direções representa os quatros elementos do céu e da terra: fogo, água, terra e espírito. Além disso, ensina ao estudante os padrões básicos de posicionamento dos pés e de giros, assim como os conceitos de deslocamento e soltura do peso. Ele também dá ao aluno a compreensão básica de como carregar o peso de um oponente. É compreendendo o deslocamento, a soltura e a carga de peso que o aluno entenderá os conceitos de como manter o equilíbrio e desequilibrar o oponente.

Soco ataque
– bloqueio descendente

Técnica

Combinação 1: Soco ataque e bloqueio descendente

Aplicação

1. O Preto utiliza o bloqueio descendente como técnica de pegada. Observe como ele mantém o centro de gravidade sobre os pés e como está em posição estável.
2. O Preto completa o giro de 180 graus. Ao fazer isso, ele mantém o peso centrado sobre os pés e os joelhos flexionados. Observe que a cintura do Preto está abaixo da cintura do Branco. Isso possibilita ao Preto carregar o Branco sobre suas costas para completar a técnica. Se nessa posição ele se elevar, não será capaz de desequilibrar o Branco.
3. O Preto continua o movimento de giro e ao fazer isso desequilibra o Branco e leva-o ao chão. Esse movimento é possível porque o Preto está mantendo seu centro de gravidade baixo e usa seu quadril e peso do corpo para mover o Branco.

4. O Preto termina o movimento colocando o pé esquerdo para trás ao mesmo tempo em que puxa o Branco por cima de seu ombro. Ao soltar seu peso e puxar o braço do Branco, o Preto está pronto para jogar seu adversário sobre suas costas e daí para o chão.

Passo 1: Soco ataque – bloqueio descendente

Passo 2: Soco ataque – bloqueio descendente

Passo 3: Soco ataque – bloqueio descendente

Passo 4: Soco ataque – bloqueio descendente

Bloqueio descendente – soco ataque – bloqueio descendente

Técnica

Combinação 2: Bloqueio descendente – soco ataque – bloqueio descendente

Aplicação

1. De um ataque de pegada lateral, o Preto vai virar para encarar o ataque do Branco. Dessa posição, o Branco está em posição vantajosa, pois tem, à disposição, todas as armas para atingir o Preto.

2. O Preto vira-se de frente para o Branco. Ao fazer isso, ele agarra o punho do Branco, enquanto executa o bloqueio descendente. A ação do quadril utilizada no bloqueio descendente transfere-se para o braço com que o Preto está agarrado, o que lhe permite desequilibrar o Branco.

3. Ao tomar vantagem de sua posição superior sobre o Branco, o Preto continua a soltar seu peso em direção ao solo. Quando se abaixa, o Preto prende os braços ao redor das pernas do Branco, evitando que o Branco escape, enquanto controla seu equilíbrio.

4. O Preto utiliza o movimento de giro dessa combinação para desequilibrar o Branco. Se o Preto continuasse a se mover em direção ao Branco, conforme a foto anterior, o Branco seria

capaz de dar um passo para trás e recobrar o equilíbrio. Contudo, ao girar sobre os joelhos e puxar com o quadril, o Preto evita esse contra-ataque e derruba o Branco.

Passo 1: Bloqueio descendente – soco ataque – bloqueio descendente

Passo 2: Bloqueio descendente – soco ataque – bloqueio descendente

Passo 3: Bloqueio descendente – soco ataque – bloqueio descendente

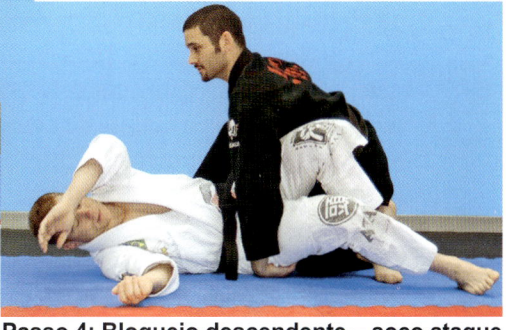

Passo 4: Bloqueio descendente – soco ataque – bloqueio descendente

Bloqueio descendente – soco ataque

Técnica

Combinação 1: Soco ataque – bloqueio descendente

Aplicação

1. O Preto ataca o Branco com uma pegada de punho. Esse ataque pode ser utilizado para iniciar ataques com as mãos ou pés, ou para desequilibrar o Branco.
2. O Preto utiliza seu ataque de penetração como técnica de chave de cotovelo do Branco. Ao usar o golpe de punho para agarrar o quimono do Branco, o Preto cria uma alavanca sobre a qual ele puxa o cotovelo do Branco com a mão *chambering*. Dessa posição, o Preto pode continuar a chave de cotovelo ou pode tomar vantagem da posição desequilibrada do Branco para se virar contra ele e completar uma jogada de ombro.

Chon-Ji

Passo 1: Soco ataque – bloqueio descendente

Passo 2: Soco ataque – bloqueio descendente

Passo 1: Soco ataque – bloqueio descendente (visão alternativa)

Passo 2: Soco ataque – bloqueio descendente (visão alternativa)

Soco ataque – bloqueio com a parte externa do antebraço

Técnica

Combinação 4: Soco ataque – bloqueio com a parte externa do antebraço

Aplicação

1. O Preto aplica o soco ataque com uma pegada no antebraço do Branco. Ao controlar o antebraço do Branco, o Preto limita as armas que o Branco pode usar contra ele, assim como tem ideia do contra-ataque que o Branco pode aplicar.

2. O Preto utiliza o movimento *chambering* do bloqueio com a parte externa do antebraço para desequilibrar o Branco. O Preto executa o bloqueio com a parte externa do antebraço como uma técnica de chave de cotovelo sobre o braço do Branco. Ao puxar seu braço direito para junto do quadril e continuar com o bloqueio, o Preto está pronto para imprimir muita força sobre o ombro do Branco. O Preto está agora em posição de terminar a luta com um chute na parte vulnerável anterior ou posterior do Branco.

Chon-Ji

Passo 1: Soco ataque – bloqueio com a parte externa do antebraço

Passo 2: Soco ataque – bloqueio com a parte externa do antebraço

Soco ataque – soco ataque

Técnica

Combinação 5: Soco ataque – soco ataque

Aplicação

1. Nessa série, o Preto completa um soco ataque e é agarrado por trás pelo Branco, que está em ótima posição para desequilibrar o Preto e levá-lo ao chão ou atacar sua cabeça, coluna, costelas ou pernas.

2. Como o Preto dá um passo para trás e se posiciona para um segundo soco ataque, ele solta seu peso para posicionar seu centro de gravidade por baixo do Branco. O Preto utiliza o movimento puxa/empurra do soco ataque para colocar o peso do Branco sobre seu quadril, preparando-se para jogá-lo ao chão.

3. Como o Preto continua a soltar seu peso, o Branco se desequilibra e é levado ao chão. O Preto continua o movimento empurra/puxa com os braços em combinação com a soltura do peso para baixo, para continuar a queda do Branco.

4. O Preto completa o movimento necessário para derrubar o Branco e está em posição de executar seu soco ataque. Ao manter seu quadril abaixo do quadril do Branco, o Preto está pronto para executar uma jogada de ombro, dando um passo para trás em direção ao Branco, desequilibrando-o o suficiente para executar a queda.

Chon-Ji 101

Passo 1: Soco ataque – soco ataque

Passo 2: Soco ataque – soco ataque

Passo 3: Soco ataque – soco ataque

Passo 4: Soco ataque – soco ataque

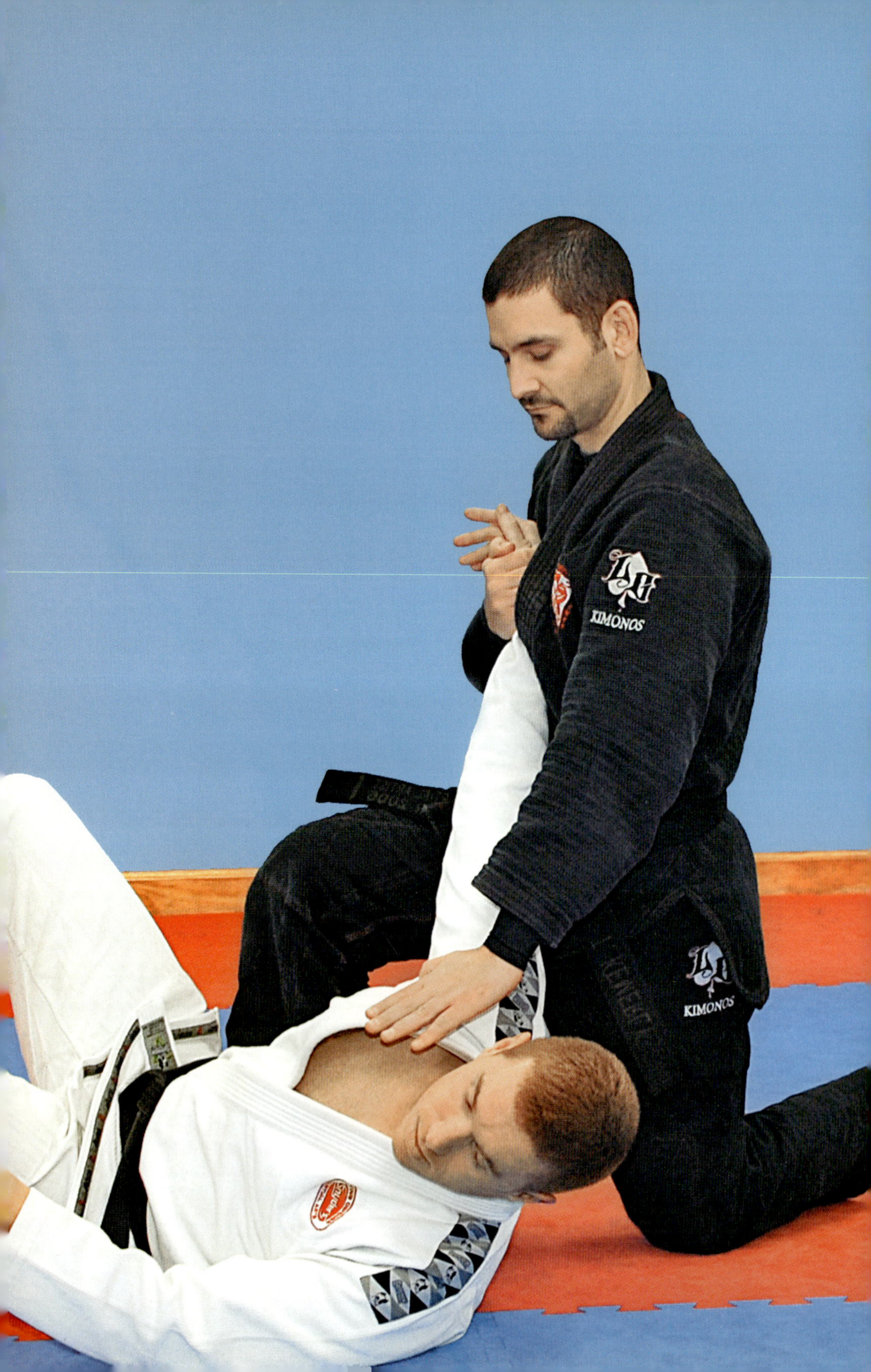
KIMONOS
KIMONOS

CAPÍTULO 5

Dan-Gun

O estilo Dan-Gun é aprendido pelo praticante faixa amarela de taekwondo. A fim de aprender o significado do estilo, o praticante deve aprender um pouco sobre a História Coreana. Acredita-se que os primeiros povos da Manchúria, China e Mongólia migraram para a área da atual Coreia para formar o Chosun ou "Terra da Calma Manhã". O nome Coreia é derivado do nome Chosun. Dan-Gun é reconhecido como o líder desses povos e fundador da Coreia em 2333 a.C. Diz a lenda que Dan-Gun foi criado pelo povo do Totem do Urso e renasceu para desenvolver o sentido de orgulho nacional no povo coreano como uma forma de lutar contra a invasão dos povos da China, Japão e Mongólia. O estilo Dan-Gun ensina ao aluno as primeiras técnicas de bloqueio e ataque, o bloqueio duplo com a mão alongada e o ataque com a mão alongada, respectivamente. Também introduz o aluno às formas de trabalho com os membros inferiores (colocação dos pés) em "I" ou "H" encontradas em muitos dos estilos de taekwondo.

Este estilo também enfatiza a soltura do peso e as habilidades de giro introduzidas no Chon-ji e acrescenta ataques multiplanares como o golpe circular com a mão alongada seguido de soco ataque direto. Finalmente, Dan-Gun exige que o aluno comece a melhorar sua coordenação por meio do desenvolvimento das técnicas de bloqueio duplo, tais como: o bloqueio duplo com a mão alongada e o bloqueio quadrado.

Bloqueio duplo com a mão aberta – soco alto

Técnica

Combinação 1: Bloqueio duplo com a mão aberta – soco alto

Aplicação

1. O Preto ataca o Branco com uma pegada cruzada de punho. Essa técnica por si só não lhe dá muita vantagem sobre o Branco, mas permite que ganhe controle sobre a arma do Branco assim como permite que o desequilibre.

2. O Preto começa o movimento *chambering* do bloqueio duplo com a mão alongada. Ao fazer isso, seu giro de quadril permite que ele puxe o Branco para si e o desequilibre, conforme pode ser visto pelo levantamento do Branco sobre seu pé dianteiro. Observe que a mão de trás do Preto (a esquerda) está em posição de atacar o Branco, caso necessário.

3. O Preto utiliza a execução do bloqueio duplo com a mão alongada para atacar simultaneamente a região do pescoço/

garganta do Branco com a mão alongada, enquanto estende o braço do Branco para uma chave de cotovelo. O poder dessa técnica vem da energia do quadril do Preto, o que permite que ele empurre o Branco para trás sobre seu pé traseiro e, além disso, o desequilibre.

4. O Preto inicia a parte do soco alto da combinação, agarrando a lapela do Branco. Observe que o Preto escorrega a mão sob o braço do Branco após travá-lo, conforme foto anterior. Com o Preto agora posicionado fora do corpo do Branco, ele está relativamente salvo de golpes de ataque e está em posição de quebrar completamente o equilíbrio do Branco. O Branco, por outro lado, agora não está em posição de tentar nenhum contra-ataque efetivo contra o Preto.

5. O Preto continua o movimento do soco alto, utilizando a técnica de colocação dos pés do soco ataque para se colocar por trás do Branco e ainda desequilibrá-lo. Observe que o movimento de pés do Preto termina com seu pé logo atrás do pé do Branco. Essa posição evita que o Branco dê um passo para trás e se reequilibre, bloqueando a técnica de queda. O Preto termina utilizando seu quadril como apoio, ao redor do qual ele pode levar o Branco ao chão com uma queda ou com uma técnica de derrubada.

Passo 1: Bloqueio duplo com a mão aberta – soco alto

Passo 2: Bloqueio duplo com a mão aberta – soco alto

Passo 3: Bloqueio duplo com a mão aberta – soco alto

Passo 4: Bloqueio duplo com a mão aberta – soco alto

Passo 5: Bloqueio duplo com a mão aberta – soco alto

Soco alto – bloqueio duplo com a mão aberta – soco alto

Técnica

Combinação 2: Bloqueio duplo com a mão aberta – soco alto

Aplicação

1. O Branco tenta atacar o Preto com um ataque básico de jab (um soco rápido de longo alcance). O Preto se defende desse ataque utilizando o trabalho com os pés do soco ataque para desviar-se do jab e se colocar na lateral externa do corpo do Branco. Ao mesmo tempo, o Preto utiliza o soco alto agarrando a lapela/gola do seu oponente, o que lhe dá algum controle sobre a capacidade de movimento dele.
2. O Preto faz o giro de 180 graus do estilo para se colocar por trás do Branco, eliminando dessa forma a maioria das, se não todas, possibilidades de contra-ataque do seu oponente. O Preto também usou a ação do movimento de giro do quadril para segurar o Branco por trás e aumentar o aperto na lapela do Branco, aumentando assim a pressão sobre seu pescoço. Observe que a posição de finalização do Preto após o giro é a mesma do bloqueio duplo com a mão alongada.

3. O Preto termina a combinação executando o soco ataque que, quando feito simultaneamente com a pegada de lapela, resulta em uma técnica de asfixia. Ao puxar o Branco para trás com a mão direita, ele tira o seu equilíbrio e usa o peso do corpo do oponente para apertar a lapela ao redor de seu pescoço. Quando esse movimento para baixo e para trás do corpo do Branco é combinado com o movimento para trás do Preto, a asfixia fica mais apertada e dá ao Preto um excelente controle sobre o Branco.

Passo 1: Bloqueio duplo com a mão aberta – soco alto

Passo 2: Bloqueio duplo com a mão aberta – soco alto

Passo 3: Bloqueio duplo com a mão aberta – soco alto

Soco alto – bloqueio quadrado

Técnica

Combinação 3: Soco alto – bloqueio quadrado

Aplicação

1. O Branco ataca o Preto com um soco cruzado. Ele precisa evitar esse ataque, pois o cruzamento de direita é um dos socos de ataque mais fortes que o Branco poderia utilizar. O Preto aplica o soco direito alto para agarrar a lapela do Branco com um movimento simultâneo de escape para a lateral do Branco. Dessa posição, o Preto é capaz de evitar a maioria das armas

de seu oponente, enquanto se coloca em boa posição de contra-ataque.

2. O Preto faz o movimento de giro de 270 graus na transição do golpe para bloquear e desequilibrar seu oponente, colocando-o sobre seu quadril. Nesse caso, o bloqueio quadrado é utilizado como uma pegada, já que a mão dianteira do bloqueio quadrado é utilizada para agarrar a manga e a traseira ou mão alta do bloqueio tanto pode agarrar a lapela do Branco quanto manter o aperto de um gancho.

3. O Preto completou o giro de 270 graus e agora está com o quadril firmemente posicionado sob o Branco, o que permite que ele desequilibre completamente seu oponente a ponto de levá-lo ao chão. É importante utilizar a abertura do giro para colocar o adversário sobre seu quadril em vez de tentar levantá-lo com a força bruta. Observe também que o Preto está usando a força de suas pernas e quadril para tirar o Branco do chão em vez de usar os músculos menores da região lombar.

4. O Preto continua a técnica de derrubada permitindo que o impulso do Branco continue sobre suas costas e daí para o chão. É importante que o Preto mantenha seus pés na linha do quadril, para manter a estabilidade.

5. Após jogar o Branco ao chão, é importante que o Preto continue controlando-o, para evitar qualquer tentativa de contra-ataque.

Passo 1: Soco alto – bloqueio quadrado

Passo 2: Soco alto – bloqueio quadrado

Passo 3: Soco alto – bloqueio quadrado

Passo 4: Soco alto – bloqueio quadrado

Passo 5: Soco alto – bloqueio quadrado

Bloqueio alto – golpe com a mão aberta

Técnica

Combinação 4: Bloqueio alto – golpe com a mão aberta

Aplicação

1. O Preto utiliza a técnica do bloqueio alto para escapar e ao mesmo tempo como chave de cotovelo. Quando o Branco agarra o punho do Preto, este precisa soltar o peso do corpo (para postura da frente) para que seu centro de gravidade fique abaixo do Branco. Isso dá ao Preto a alavancagem para soltar o punho enquanto trava o cotovelo do Branco e lhe aplica uma pressão ascendente logo acima do cotovelo. Apesar de o Preto não estar necessariamente em posição de quebrar o braço do Branco, ele é capaz de controlar seu equilíbrio, levando a um contra-ataque.

2. O Preto percebe que Branco está desequilibrado, então solta a pressão sobre o cotovelo. Isso permite que o Preto tome

vantagem sobre o desequilíbrio do Branco para continuar seu contra-ataque. O Preto utiliza a combinação do giro de 270 graus e o *chambering* do golpe com a mão aberta para desequilibrar ainda mais o Branco. Observe que o Preto muda a posição de seu quadril durante a execução da técnica em vez de aplicar a força bruta; isso permite que a técnica seja executada de forma suave, fácil e com bastante força e não de maneira brusca e fatigante.

3. O Preto completa o giro e começa a executar a técnica com a mão aberta. Observe que o Preto agarra o punho do Branco com sua mão *chambered* e utiliza a mão aberta contra a garganta do Branco, o que lhe permite ter melhor controle sobre o movimento do Branco.
4. O Preto continua a puxar com a mão direita, enquanto golpeia com a esquerda para desequilibrar o Branco.
5. O Preto completa a execução do golpe com a mão aberta e consegue derrubar o Branco. Ao manter a técnica junto de seu corpo, o Preto está mais bem posicionado para usar seu quadril na queda, além de torná-la uma técnica mais poderosa. É importante observar que o Preto mantém controle sobre o oponente durante toda a técnica, inclusive depois que já estava no chão.

Passo 1: Sequência bloqueio alto – golpe com a mão aberta

Passo 2: Sequência bloqueio alto – golpe com a mão aberta

Passo 3: Sequência bloqueio alto – golpe com a mão aberta

Passo 4: Sequência bloqueio alto – golpe com a mão aberta

Passo 5: Sequência bloqueio alto – golpe com a mão aberta

Golpe com a mão aberta – soco alto

Técnica

Combinação 5: Golpe com a mão aberta – soco alto

Aplicação

1. O Preto ataca o Branco agarrando seu punho e puxando-o para si, ao mesmo tempo em que golpeia a garganta do Branco com a mão aberta. O Preto fica pronto para desequilibrar seu adversário utilizando seu quadril para puxar o braço do Branco, em vez de simplesmente puxá-lo com o braço. O Preto também está usando sua caixa torácica como apoio para travar o cotovelo do Branco. O Preto aumenta a pressão sobre o cotovelo do Branco, puxando o punho para trás do quadril e empurrando o Branco para trás com o braço na frente de sua garganta.

2. Uma vez que o Branco está sem equilíbrio, o Preto continua a combinação e escorrega sua mão da garganta do Branco para seu ombro, enquanto utiliza a outra mão para agarrar o punho

do Branco, aplicando uma técnica de chave de punho. Observe que o Preto se coloca por trás do Branco de forma que ele está a salvo da maioria das armas que o Branco poderia utilizar para contra-atacar.

3. O Preto continua com o movimento anterior ao escorregar sua mão esquerda do ombro do Branco para o braço oposto. Isso evita que o Branco se vire contra o Preto e alivie a pressão da chave de ombro. O Preto está combinando o posicionamento de quadril do soco ataque com o movimento de pés da técnica para aumentar ainda mais a pressão sobre o ombro do Branco.

Passo 1: Golpe com a mão aberta – soco alto

Passo 2: Golpe com a mão aberta – soco alto

Passo 3: Golpe com a mão aberta – soco alto

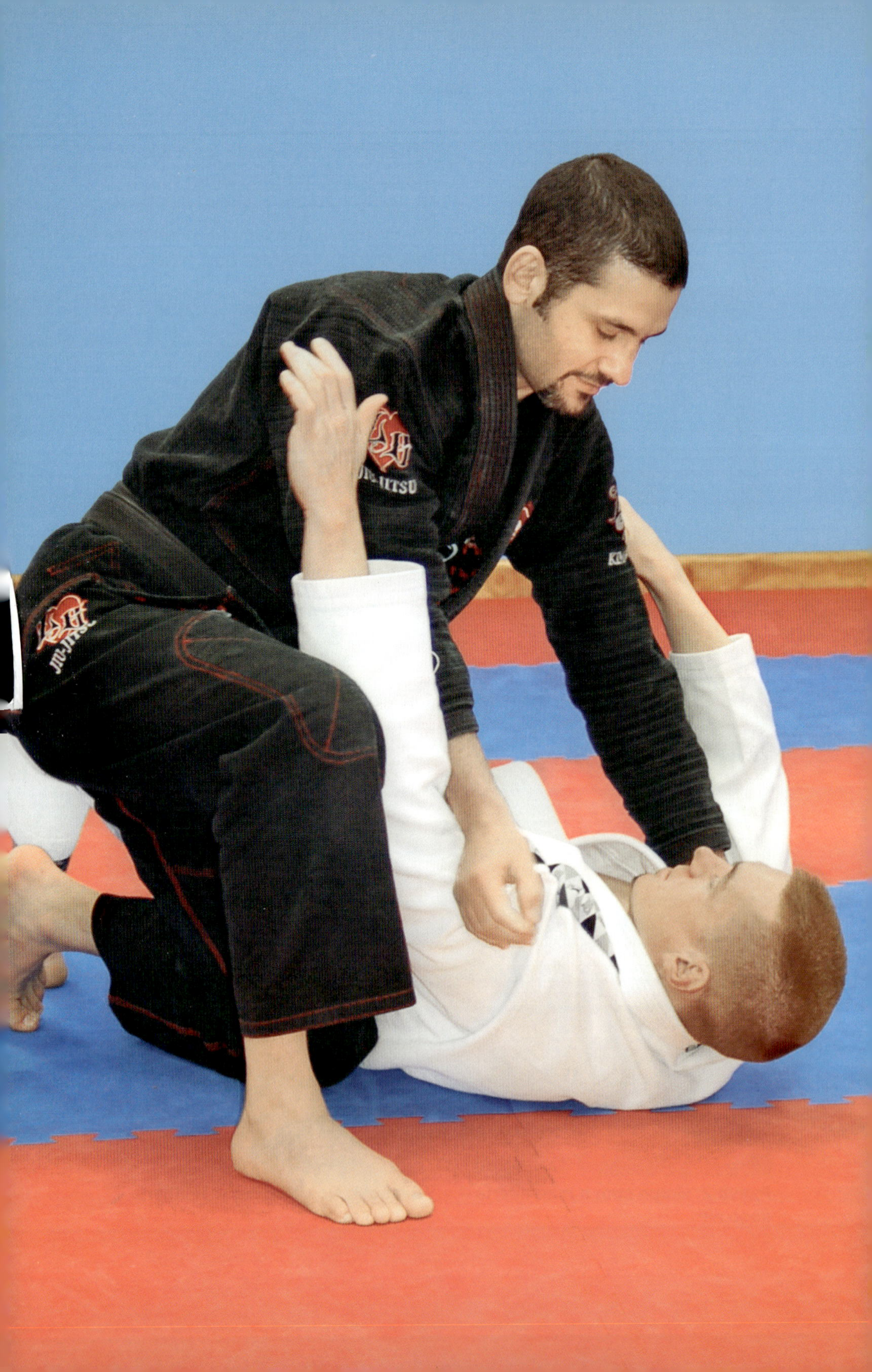
JIU-JITSU
JIU-JITSU

CAPÍTULO 6

Do-San

Do-San é o terceiro estilo ensinado no currículo do taekwondo. Do-San era o pseudônimo do patriota coreano Ahn Chang-Ho. Ahn Chang-Ho é considerado um patriota na História coreana por seu papel no Movimento de Independência contra o Japão. Os japoneses mantiveram uma regra esmagadora sobre o povo coreano, ao proibir o uso de seu próprio idioma, exigir que o povo coreano adotasse sobrenomes japoneses e com o fechamento de escolas coreanas. Ahn Chang-Ho morreu na prisão após ser preso por sua atuação. Os 24 movimentos do estilo representam toda a vida de Ahn Chang-Ho, que foi dedicada ao esforço de salvar a cultura, história, educação e identidade coreana. O estilo Do-San representa um marco para o estudante de taekwondo no qual se introduz uma série de iniciações para o aluno. A primeira delas é a combinação de bloqueio e contra-ataque. Até esse ponto, os estilos mostravam uma técnica de bloqueio seguida por um movimento dos pés. Do-San exibe um bloqueio seguido de uma técnica de ataque mantendo a mesma posição. Do-San incorpora a primeira instância da marca registrada do taekwondo, que, logicamente, é o chute. Por último, Do-San incorpora a posição sentada, a qual dá ao aluno a habilidade de soltar todo seu peso, o que tem muitas aplicações de imobilização.

Bloqueio reverso com a parte interna do antebraço – soco reverso

Técnica

Combinação 1: Bloqueio reverso com a parte interna do antebraço – soco reverso

Aplicação

1. O Preto executa o bloqueio reverso com a parte interna do antebraço como defesa contra o ataque cruzado de punho do Branco. Ao executar o movimento circular do bloqueio, o Preto consegue reverter a pegada do Branco e assume o controle sobre o braço de ataque do Branco. O Preto também agarra a faixa do Branco de forma a ter mais controle sobre o movimento dele por meio do controle de seu quadril. Observe que a pegada do Preto na faixa do Branco poderia ser modificada para uma posição da mão no quadril ou por agarrar a calça ou camisa.

2. O Preto termina a técnica continuando a puxar o braço do Branco, ao mesmo tempo em que empurra o quadril do Branco. Essa ação puxa/empurra movimenta o corpo do Branco de uma forma circular, dificultando a manutenção do equilíbrio. Como o Preto manteve sua postura em vez de dar um passo à frente, ele está agora em posição de dar um chute frontal nas costelas do Branco ou mesmo um chute circular na perna base do Branco, tirando-a do chão.

Passo 1: Bloqueio reverso com a parte interna do antebraço – soco reverso

Passo 2: Bloqueio reverso com a parte interna do antebraço – soco reverso

Bloqueio duplo com a mão aberta – golpe vertical com a mão em lança

Técnica

Combinação 2: Bloqueio duplo com a mão aberta – golpe vertical com a mão em lança

Aplicação

1. O Preto agarra a lapela do Branco de forma lateral. Ao pegar as duas lapelas ao mesmo tempo, o Preto também está pronto para executar uma técnica chamada corda de estrangulamento. Observe que o Preto também colocou sua mão esquerda acima do braço do Branco de forma a poder controlá-lo. A mão direita do Preto está posicionada de modo que um deslocamento de quadril pode empurrar ou desequilibrar o Branco.

2. O Preto mantém a pegada na lapela e no braço do Branco e afasta seu quadril para longe do Branco, desequilibrando-o. Observe que foi o giro de quadril do Preto, e não seus braços, que puxou e desequilibrou o Branco.

3. Após obter controle sobre o equilíbrio do Branco, o Preto afrouxou o aperto duplo com a mão direita e recolocou-a em um aperto cruzado. Simultaneamente, o Preto colocou sua mão direita pelo outro lado do pescoço do Branco, a fim de controlar sua posição. Com essa posição das mãos, quando o Preto tentar movimentar os braços para a posição do bloqueio duplo com a mão aberta, a combinação da ação ventosa do braço direito e de puxamento do braço esquerdo resultará no deslocamento do Branco para baixo e na torção da lapela ao redor de seu pescoço.

4. O Preto continua o movimento acima e mantém o aperto com a mão esquerda bem dentro da lapela do Branco enquanto estende a mão direita por cima das costas do Branco com a mão em lança. Ao fazer isso, completa o movimento espiral descendente do Branco, e o movimento de torção da mão esquerda puxa a lapela ao redor do pescoço do Branco enquanto a mão em lança aplica, simultaneamente, pressão para a frente e para baixo. A combinação das manipulações do Preto e os movimentos do Branco, resultam em enforcamento com a lapela ao redor do pescoço do Branco.

Passo 1: Bloqueio duplo com a mão aberta – golpe vertical com a mão em lança

Passo 2: Bloqueio duplo com a mão aberta – golpe vertical com a mão em lança

Passo 3: Bloqueio duplo com a mão aberta – golpe vertical com a mão em lança

Passo 4: Bloqueio duplo com a mão aberta – golpe vertical com a mão em lança

Golpe vertical com a mão em lança – golpe alto com o dorso do punho

Técnica

Combinação 3: Golpe vertical com a mão em lança – golpe alto com o dorso do punho

Aplicação

1. O Branco ataca o Preto com uma pegada básica lateral de punho. O ataque do Branco é digno de atenção porque permite que tenha a oportunidade de controlar o equilíbrio de seu oponente, bem como lhe dá um ponto que pode usar para controlar os movimentos do Preto. Adicionalmente, o Branco também está em posição de atacar o Preto com sua mão direita e tira do Preto uma oportunidade de escape. O Preto utiliza o movimento do golpe com a mão em lança

combinado com a torção de punho para colocar sua mão com o polegar para baixo para quebrar/afrouxar a pegada do Branco.

2. Vendo o ataque do Branco, o Preto faz a transição do movimento giratório da mão em lança para o golpe com o dorso do punho para escapar do soco ataque, soltar o punho, agarrar a manga do Branco e conseguir um gancho inferior. O Preto utiliza a dinâmica da virada para desequilibrar o Branco e trazê-lo para junto de si em vez de arrastá-lo para a técnica.

3. O Preto continua o movimento de giro da combinação ao mesmo tempo em que levanta o Branco com seu gancho inferior e, com a mão esquerda, puxa-o por cima de seu braço direito. Observe que, durante a execução da combinação, o Preto continua soltando o peso do corpo, colocando-se abaixo do quadril do Branco, o que serve como alavanca para completar a queda. É importante observar nessa combinação que o que leva a ocorrer a aplicação da imobilização é o princípio da combinação e não as técnicas específicas.

Passo 1: Golpe vertical com a mão em lança – golpe alto com o dorso do punho

Passo 2: Golpe vertical com a mão em lança – golpe alto com o dorso do punho

Passo 3: Golpe vertical com a mão em lança – golpe alto com o dorso do punho

Bloqueio reverso com a parte interna dos dois antebraços – chute frontal

Técnica

Combinação 4: Bloqueio reverso com a parte interna dos dois antebraços – chute frontal

Aplicação

1. Em um exemplo de troca comum de imobilização, o Branco ataca o Preto com uma pegada dupla de lapela e o Preto responde com o mesmo tipo de ataque. Uma vez travados nessa posição, os lutadores inexperientes tendem a se envolver em nada mais do que um jogo de empurra, sem que nenhum dos dois consiga qualquer vantagem a não ser por sorte.

2. O Preto faz o bloqueio reverso com a parte interna dos dois antebraços para separar os braços do Branco. Essa separação dará ao Preto o espaço que ele precisa para iniciar a técnica de queda. Em um movimento de empurrão, o Preto coloca seu pé bem no meio do corpo do Branco. Embora esse movimento possa ter o efeito

de um chute no Branco, é mais importante que o Preto empurre o quadril do Branco para trás, a fim de desequilibrá-lo. O Preto aplica o aperto combinado com seu pé no meio do corpo do Branco para executar a queda. Observe que o Preto não puxa seu oponente para si; em vez disso, ele simplesmente tira a perna base do chão e senta-se. Isso permite que o Preto faça peso morto de seu corpo para puxar o Branco para o chão.

3. O Preto continua com a dinâmica do movimento para trás enquanto mantém a lapela do Branco agarrada e o pé no meio do corpo do Branco. Assim que o Branco se aproxima do chão por trás da cabeça do Preto, o Preto inicia um rolamento para trás e termina a técnica sentando sobre o Branco em uma posição de montaria.

Passo 1: Bloqueio reverso com a parte interna dos dois antebraços – chute frontal

130 Técnicas de Imobilização do Taekwondo

Passo 2: Bloqueio reverso com a parte interna dos dois antebraços – chute frontal

Passo 3: Bloqueio reverso com a parte interna dos dois antebraços – chute frontal

Bloqueio reverso com a parte interna dos dois antebraços para soco ataque – soco reverso

Técnica

Combinação 5: Bloqueio reverso com a parte interna dos dois antebraços para soco ataque – soco reverso

Aplicação

1. A posição inicial para essa aplicação começa de forma bem parecida com a anterior. É importante que os atacantes despendam tempo nessa posição por ser uma posição em que os lutadores se sentem bem confortáveis.

2. Em vez de executar um chute frontal no meio do corpo do Branco, o Preto chuta com a perna dianteira e ultrapassa o Branco e com a parte de *rechambering* do chute, agarra a perna dele por trás. Observe que o Preto estende o chute para além do Branco e empurra o ombro dele para trás para começar a desequilibrá-lo.

3. O desequilíbrio se completa quando o Preto continua a empurrar os ombros do Branco enquanto posiciona a perna em gancho por trás do Branco.

4. O Preto utiliza as técnicas de soco da combinação como técnicas de controle e finalização. O Preto aplica o soco ataque esquerdo para forçar as costas do Branco no chão, o que dá a ele mais controle sobre seu movimento.

5. Nesse exemplo, o soco reverso direito é usado como estrangulamento à medida que o Preto agarra a lapela com a mão direita e a dirige para o chão em direção à garganta do Branco. Controlando o aponente dessa forma, o Preto tem muitas opções, enquanto o Branco pode apenas tentar girar para escapar do estrangulamento, o que seria um tipo de ação que poderia dar ao Preto uma oportunidade livre de atacar com a mão direita ou simplesmente escapar.

Do-San 133

Passo 1: Bloqueio reverso com a parte interna dos dois antebraços para soco ataque – soco reverso

Passos 2 e 3: Bloqueio reverso com a parte interna dos dois antebraços para soco ataque – soco reverso

Passos 4 e 5: Bloqueio reverso com a parte interna dos dois antebraços para soco ataque – soco reverso

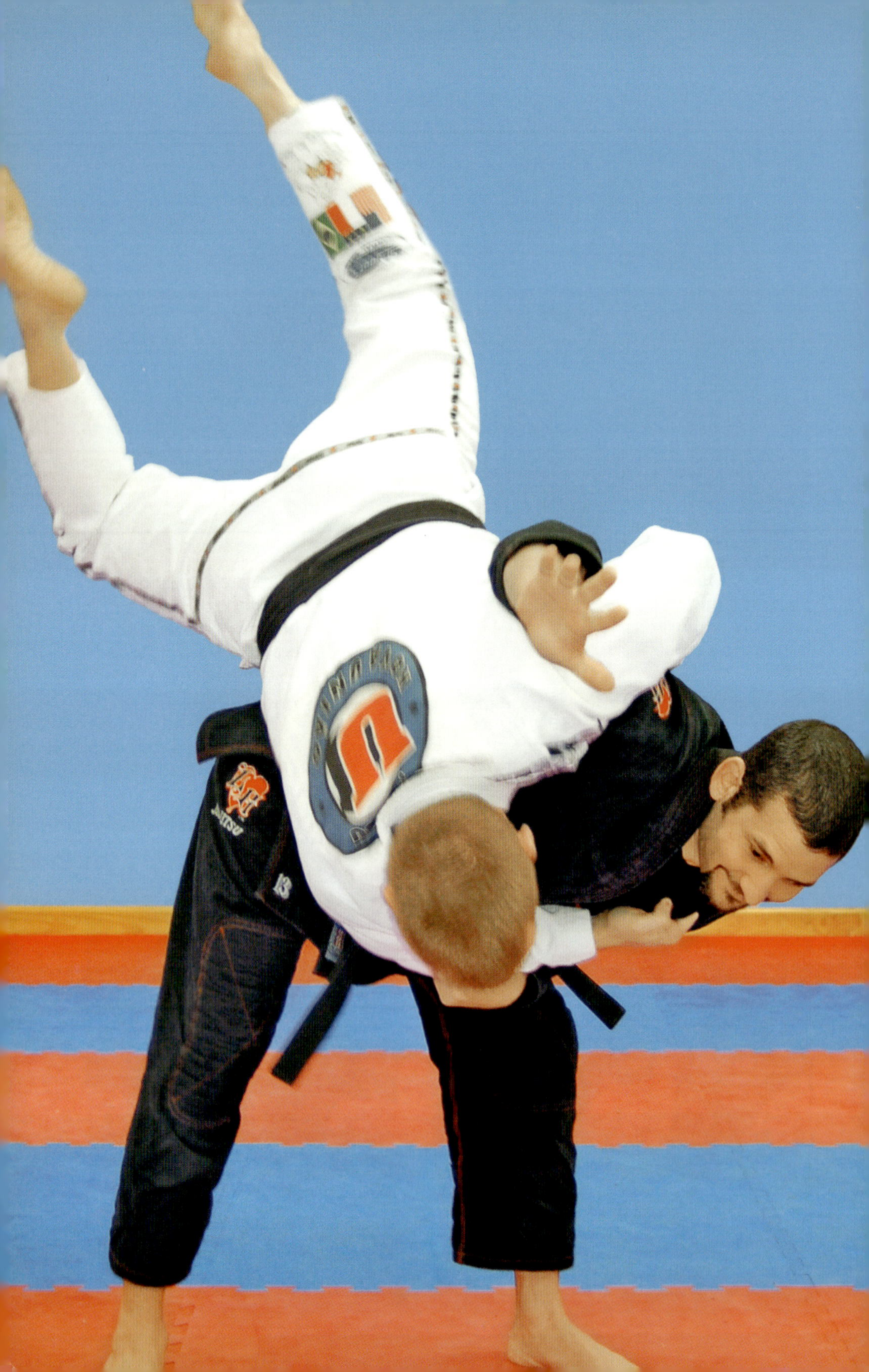

CAPÍTULO 7

Won-Hyo

O quarto estilo do currículo do taekwondo é o Won-Hyo, que é o nome religioso do monge responsável pela introdução do Budismo na Dinastia Silla* da Coreia, em 686 d.C. Won-Hyo era o nome literário de Sol-Sedang, um escritor prolífico a quem se credita a autoria de mais de 240 volumes que abrangem cem diferentes tipos de literatura. O nome Won-Hyo, que significa "Amanhecer", refere-se ao seu papel no estabelecimento do Budismo na cultura coreana, ou "o primeiro alvorecer" do Budismo na terra. Won-Hyo é considerado um dos principais escritores, pensadores e comentaristas do Budismo coreano de seu tempo. O sucesso de Won-Hyo em disseminar o Budismo na Coreia vem do fato de ele ter sido capaz de atingir desde a família real até o povo comum. Essa foi a tarefa mais difícil, pois muitos dos textos principais do Budismo eram escritos somente em chinês, uma língua que não era compreendida pelo povo em geral. O estilo Won-Hyo introduz muitos princípios para os praticantes; entre eles está o primeiro uso do chute lateral, marca registrada do estilo. Outras iniciações introduzidas são a combinação de técnicas múltiplas de mãos, bem como ataque e defesa a contra-ataques vindos de múltiplas direções.

---

* N.T.: Dinastia Silla, reinado que dominou a península coreana entre 50 e 1000 d.C.

Bloqueio quadrado – golpe para dentro com a mão aberta

Técnica

Combinação 1: Bloqueio quadrado – golpe para dentro com a mão aberta

Aplicação

1. O Branco ataca o Preto agarrando seus dois punhos. Esse é um ataque comum enfrentado por muitos fora das paredes do *dojang**. Com esse ataque o Branco pode facilmente desequilibrar o Preto e até jogá-lo ao chão. Dessa posição é difícil para o Preto manter o equilíbrio e evitar que o Branco o mova para onde quiser.

2. O Preto faz o movimento circular do quadril e braços durante a execução do bloqueio quadrado para desequilibrar o Branco e puxá-lo em sua direção. Observe que, ao enfatizar a natureza circular do bloqueio, o Preto consegue livrar a mão esquerda e

---

* N.T.: *Dojang*: local de treino de artes marciais coreanas

Won-Hyo

Passo 1: Bloqueio quadrado – golpe para dentro com a mão aberta

o Branco, agora superalongado, tenta manter presa a mão direita do Preto. O Branco agora está vulnerável para o contra-ataque, pois o Preto está em posição de ataque.

3. O Preto puxa a mão esquerda em direção a seu quadril e usa a ação circular do quadril para desferir, com a mão direita, um golpe com a mão aberta na garganta do Branco. Observe a mudança de posição do quadril do Preto da foto anterior para essa. Ao girar seu quadril para o ataque com a mão aberta e puxar a mão do Branco em direção ao seu quadril, o Preto simultaneamente desequilibra o Branco e desfere um golpe forte contra seu oponente. Observe também a posição do pé dianteiro do Preto, que está em posição de executar uma varredura na perna da frente do Branco, enquanto o ataca para garantir o desequilíbrio e a queda dele.

Passo 2: Bloqueio quadrado – golpe para dentro com a mão aberta

Passo 3: Bloqueio quadrado – golpe para dentro com a mão aberta

Bloqueio quadrado – golpe para dentro com a mão aberta – soco ataque

Técnica

Combinação 2: Bloqueio quadrado – golpe para dentro com a mão aberta – soco ataque

Aplicação

1. O Branco ataca o Preto com a mesma técnica de agarramento dos dois punhos da combinação anterior, só que dessa vez o ataque é por trás. O Preto se defende fazendo o movimento circular do bloqueio quadrado quase da mesma forma.

2. Contudo, em razão da natureza do ataque do Branco, o Preto simultaneamente coloca seu corpo na técnica. Esse giro permite que o Preto crie espaço entre ele e o Branco, dando-lhe mais opções de contra-ataque. Observe também que, ao soltar seu peso sobre a perna traseira, o Preto tem a possibilidade de atacar com a perna dianteira.

3. O Preto utiliza o golpe com a combinação mão aberta – soco ataque de uma forma diferente para mostrar a versatilidade da combinação. Ao usar a dianteira para o ataque com a mão aberta, o Preto desequilibra completamente o Branco com a combinação do golpe com a mão aberta e um potente giro de quadril na mesma direção.

4. O Preto volta o quadril para outra direção para utilizar a técnica de soco como forma de continuar a empurrar o Branco na direção em que ele está caindo.

Passos 1 e 2: Bloqueio quadrado – golpe para dentro com a mão aberta – soco ataque

Passos 3 e 4: Bloqueio quadrado – golpe para dentro com a mão aberta – soco ataque

Bloqueio duplo com a mão alongada – bloqueio duplo com a mão alongada

Técnica

Combinação 3: Bloqueio duplo com a mão alongada – bloqueio duplo com a mão alongada

Aplicação

1. O Branco ataca o Preto por trás, segurando seus dois ombros. Dessa posição seria fácil para o Branco puxar o Preto para trás e jogá-lo ao chão.

2. O Preto começa a se defender virando-se para o Branco e utilizando a técnica de *chambering* do bloqueio duplo com a mão aberta para se livrar do Branco e ter controle sobre um dos punhos e a parte de trás da cabeça do Branco.

3. O Preto continua o movimento para a frente do bloqueio duplo com a mão aberta, aumentando o toque no punho do Branco e puxando sua cabeça com a outra mão. É importante observar que o quadril do Preto está aumentando seu controle sobre

os movimentos do Branco e não apenas sobre seus braços e ombros. Ao puxar a cabeça e agarrar o punho, o Preto efetivamente quebra o equilíbrio do Branco, conforme fica claro com o peso do Branco sendo empurrado para a frente, sobre o pé dianteiro.

4. O Preto gira o Branco ao redor do seu corpo e ataca o pescoço do Branco com o braço contrário.

5. Dessa posição, o Preto começa a executar o segundo bloqueio com a mão aberta. Observe que esse segundo bloqueio não é tão visível, mas ele está ali quando o movimento é executado. Ao agarrar o maxilar e a lapela do Branco, o Preto inicia a fase *chambering* do bloqueio. Ao tentar executar completamente o bloqueio, a pegada na lapela do Branco resulta na gola sendo puxada ao redor do pescoço em uma técnica de asfixia. O movimento do Branco é controlado pela chave de pescoço que o Preto aplicou. Se não quiser uma chave de pescoço, o Preto deve simplesmente girar o corpo do Branco de forma que seu rosto fique voltado para o chão, o que resulta em um estrangulamento tipo guilhotina.

Passos 1 e 2: Bloqueio duplo com a mão alongada – bloqueio duplo com a mão alongada

Won-Hyo 143

Passo 3: Bloqueio duplo com a mão alongada – bloqueio duplo com a mão alongada

Passos 4 e 5: Bloqueio duplo com a mão alongada – bloqueio duplo com a mão alongada

Golpe com a mão em lança – bloqueio quadrado

Técnica

Combinação 4: Golpe com a mão em lança – bloqueio quadrado

Aplicação

1. O Branco ataca o Preto com uma pegada básica de lapela que lhe dá algum grau de controle sobre o movimento do Preto. O Branco deveria tipicamente combinar esse tipo de pegada com um empurrão rápido e, quando o Preto estivesse desequilibrado, seguir com uma técnica de soco.

2. Contudo, o Preto rapidamente rebate o ataque do Branco com a técnica da mão em lança para prender o braço dele ao seu peito e "lançar" a mão direita por baixo da axila do Branco para segurá-lo com um gancho.

3. O Preto utiliza o giro de 270 graus entre o ataque com a mão em lança e o bloqueio quadrado para prender ainda mais o gancho.

4. O Preto faz o impulso do giro para colocar o Branco sobre seu quadril. Observe que o impulso da técnica é dado pelo giro de quadril do Preto durante a combinação, e não simplesmente pela força bruta.

5. Ao finalizar com o bloqueio quadrado, o Preto mantém controle firme sobre o Branco, que já está no chão.

Passos 1 e 2: Golpe com a mão em lança – bloqueio quadrado

146　　　Técnicas de Imobilização do Taekwondo

Passos 3, 4 e 5: Golpe com a mão em lança – bloqueio quadrado

Soco reverso – bloqueio escavado

Técnica

Combinação 5: Soco reverso – bloqueio escavado

Aplicação

1. O Branco ataca o Preto com uma pegada cruzada de punho. Esse ataque dá ao Branco uma leve vantagem sobre seu oponente, já que lhe dá a oportunidade de puxar o Preto para ataques que ele pode tentar executar.

2. O Preto rebate a pegada utilizando o deslocamento inicial de quadril para o soco reservo para puxar o Branco para si e causar um leve desequilíbrio.

3. O Preto então utiliza a força do soco reverso para quebrar o ataque do Branco sobre seu braço, e assim se livrar da pegada.

4. Imediatamente após executar o soco reverso, o Preto utiliza sua outra mão para prender sua própria pegada no punho do

Branco. Isso permite que o Preto configure seu contra-ataque com o bloqueio escavado.

5. O Preto solta o peso do corpo para a frente e executa o bloqueio escavado abaixo e ao redor do braço do Branco. A ação do quadril utilizada durante o bloqueio permite que o Preto prenda o ombro do Branco e força que ele se incline para a frente a partir da linha de cintura. Dessa posição, o Preto tem a oportunidade de escapar ou de contra-atacar com golpes ou chutes.

Passos 1, 2 e 3: Soco reverso – bloqueio escavado

Passos 4 e 5: Soco reverso – bloqueio escavado

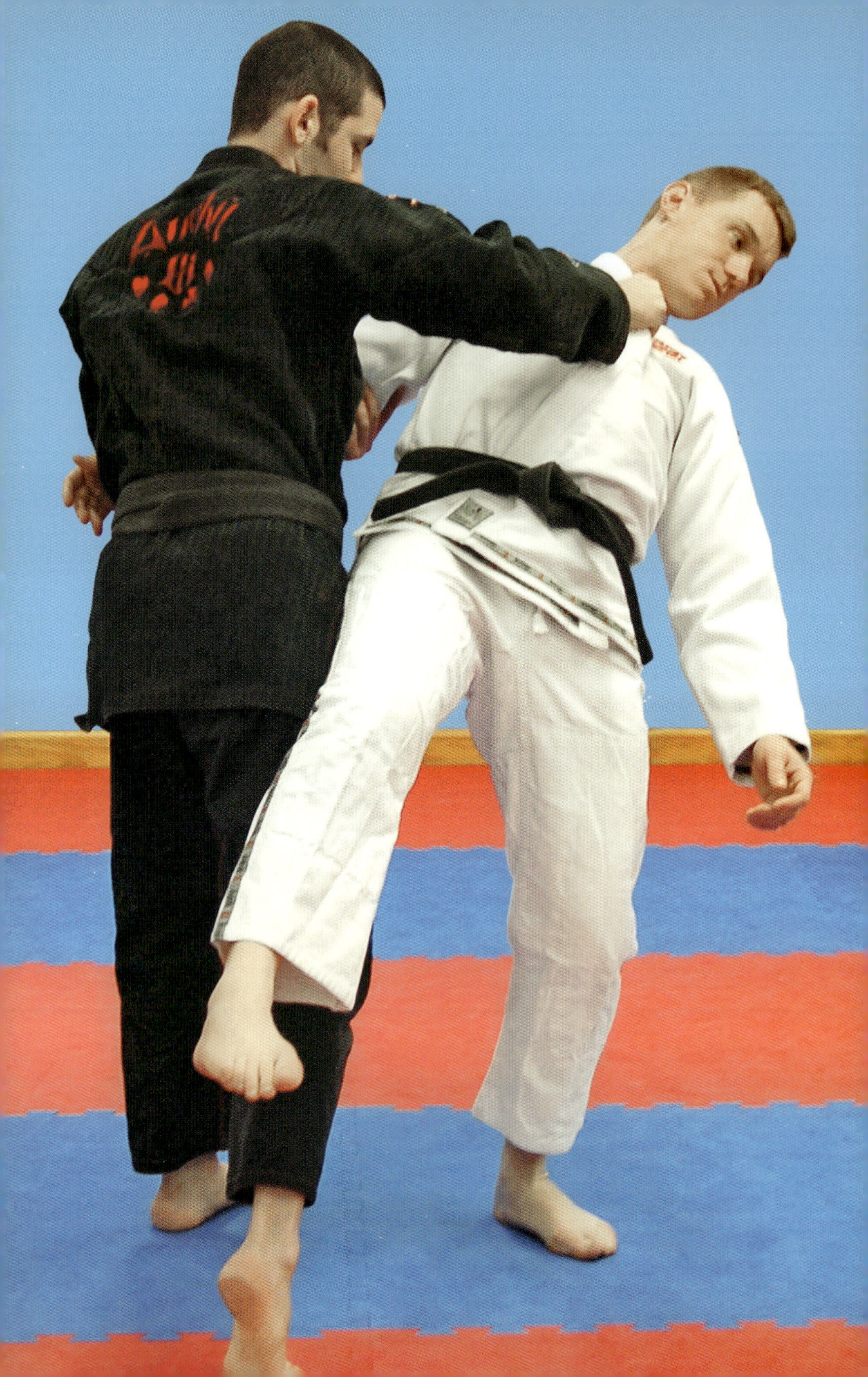

CAPÍTULO 8

Yul-Gok

O quinto estilo do currículo do taekwondo é chamado Yul-Gok, que era o pseudônimo do filósofo Yi I, comumente conhecido como "O Confúcio da Coreia". Yul-Gok era muito parecido com Won-Hyo por ser considerado um prodígio desde o nascimento. Com 3 anos de idade, ele era capaz de ler a escrita chinesa e, aos 7 anos, escreveu poemas em chinês e terminou seus estudos sobre confucionismo e classicismo. Apenas seis anos mais tarde, aos 13 anos de idade, ele passou no exame de concurso público para o departamento de literatura. Durante a idade adulta, ele escreveu muitos livros sobre a vida de Confúcio e, após sua morte, foi publicado o trabalho Obras Completas de Yul-Gok. Além de suas distinções literárias, Yul-Gok também era ativo nas questões governamentais, especificamente na área da reforma. O estilo Yul-Gok é, até agora, o maior para o praticante de taekwondo, com 38 longos movimentos. Entre eles, estão alguns movimentos novos para o praticante de taekwondo. Esses movimentos incluem o bloqueio em gancho, que tem muitas aplicações de imobilização, assim como o golpe de cotovelo, que, além de ser uma poderosa arma de ataque, também tem aplicações de imobilização.

Soco na posição sentada – soco na posição sentada – bloqueio com a parte externa do antebraço

Técnica

Combinação 1: Soco na posição sentada – soco na posição sentada – bloqueio com a parte externa do antebraço

Aplicação

1. O Preto aplica o primeiro soco da combinação como um ataque de imobilização ao ombro do Branco.

2. Isso permite que ele utilize o movimento empurra/puxa do segundo soco ataque para puxar o Branco para a frente e desequilibrá-lo, enquanto agarra o outro punho.

3. Finalmente, o Preto usa a pegada de punho para empurrar o cotovelo do Branco para cima, abrindo espaço para aplicar o bloqueio com a parte externa do antebraço no ombro do Branco, executando com eficácia uma chave de ombro em pé.

Yul-Gok

Passos 1 e 2: Soco na posição sentada – soco na posição sentada – bloqueio com a parte externa do antebraço

Passo 3: Soco na posição sentada – soco na posição sentada – bloqueio com a parte externa do antebraço

Bloqueio em gancho – bloqueio em gancho – soco reverso

Técnica

Combinação 2: Bloqueio em gancho – bloqueio em gancho – soco reverso

Aplicação

1. O Branco ataca o Preto com uma pegada básica de lapela, o que daria controle sobre o movimento do Preto. Com esse ataque, o Branco pode empurrar o Preto para trás contra uma parede ou qualquer outro obstáculo, assim como puxá-lo para a luta, com a outra mão. O Preto imediatamente começa a contra-atacar o Branco, girando seu corpo por cima da pegada dele, o que resulta na chave do ombro e cotovelo do Branco.

2. O Preto então gira seu quadril para outra direção e executa o primeiro bloqueio em gancho na lateral externa do braço do Branco, ganhando controle sobre esse braço.

3. O Preto continua o contra-ataque ao executar o segundo bloqueio em gancho, que lhe dá controle sobre o braço do Branco, e utiliza o soco reverso agarrando o peito, ombro e garganta do Branco.

4. O Preto adiciona então à combinação uma técnica básica de movimentação dos pés, cujo resultado força o Branco ao chão pelo movimento básico empurra/puxa inerente nos ataques com soco.

Passos 1 e 2: Bloqueio em gancho – bloqueio em gancho – soco reverso

Passos 3 e 4: Bloqueio em gancho – bloqueio em gancho – soco reverso

Bloqueio protetor – chute lateral – golpe com a parte interna do cotovelo

Técnica

Combinação 3: Bloqueio protetor – chute lateral – golpe com a parte interna do cotovelo

Aplicação

1. O Preto ataca o Branco pela lateral e agarra sua lapela. Desse ângulo, uma pegada de lapela permitiria que o Preto manobrasse o Branco em várias técnicas de queda e arremesso.

2. Como o Preto desvia o quadril para a lateral, ele solta a lapela e gira-a ao redor do pescoço do Branco, em uma asfixia parcial. Ao mesmo tempo, o Preto executa um chute lateral na parte de trás do joelho do Branco, o que faz com que ele solte o peso em direção ao solo, aumentando dessa forma a pressão aplicada com o braço ao redor de sua garganta.

3. Após o chute lateral que resultou na posição ajoelhada do Branco com o Preto por trás dele, o Preto encontra-se em

posição de terminar a combinação, travando a técnica de asfixia. Observe a posição das mãos após a execução do golpe com a parte interna do cotovelo. Lembre-se de que, quando executar um golpe de cotovelo dentro de um estilo, o golpe é tipicamente feito com a palma da mão aberta, e tem como resultado uma posição quadrada dos braços. Utilize essa mesma posição e o golpe de braço para aplicar pressão na parte de trás do pescoço. Essa pressão, quando combinada com a pressão do braço na frente do pescoço, resulta em uma poderosa técnica de asfixia.

Passos 1 e 2: Bloqueio protetor – chute lateral – golpe com a parte interna do cotovelo

Passo 3: Bloqueio protetor – chute lateral – golpe com a parte interna do cotovelo

Golpe com a parte interna do cotovelo – bloqueio quadrado

Técnica

Combinação 4:
Golpe com a parte interna do cotovelo – bloqueio quadrado

Aplicação

1. O Preto está usando o golpe com a parte interna do cotovelo da combinação anterior como um mata-leão. Certifique-se de que o braço da frente esteja confortavelmente abaixo do queixo e o braço de trás, travado contra o bíceps do braço da frente.

2. Com o estrangulamento bem firme, o Preto inicia o giro de 180 graus e empurra seu quadril contra as costas do Branco, desequilibrando-o de costas e sobre o quadril do Preto.

3. O Preto continua o movimento de jogada ao levantar o Branco com seu quadril, enquanto segura a asfixia. Como resultado, o Branco é empurrado por cima das costas do Preto.

4. Essa é uma queda particularmente brutal porque o Branco cai de rosto no chão e não de costas. Assim que o Branco atinge o chão, o Preto continua a aplicar pressão na asfixia até que possa escapar ou até que o Branco se renda.

Yul-Gok 159

Passos 1 e 2: Golpe com a parte interna do cotovelo – bloqueio quadrado

Passos 3 e 4: Golpe com a parte interna do cotovelo – bloqueio quadrado

Bloqueio quadrado – golpe com a mão em lança – bloqueio quadrado

Técnica

Combinação 5: Bloqueio quadrado – golpe com a mão em lança – bloqueio quadrado

Aplicação

1. O Preto ataca o Branco com uma pegada dupla de punho, que lhe dá bom controle sobre os movimentos do Branco.

2. O Preto utiliza o controle adquirido com essa pegada para se movimentar para o bloqueio quadrado e puxar o Branco para a frente, desequilibrando-o. Observe que é o quadril do Preto, e não apenas seus braços, que dá força ao movimento.

Yul-Gok

3. O Preto toma vantagem sobre a perda temporária de equilíbrio do Branco para escorregar o golpe com a mão em lança por debaixo da axila dele; ao segurá-lo com um gancho por baixo, elimina sua capacidade de usar suas armas para contra-atacar.

4. O Preto usa o movimento de giro antes do próximo bloqueio quadrado para virar seu quadril e apertar o gancho. Isso permite que o Preto comece a colocar o Branco sobre seu quadril e continue a combinação.

5. Assim que o Preto completa o giro de 180 graus, o Branco está completamente sobre seu quadril. O Preto utiliza a combinação da perna dianteira para cima, elevação do quadril e puxamento com o gancho, para jogar o Branco sobre seu corpo.

6. A combinação está completa quando o Preto usa uma variação da posição final da mão do bloqueio quadrado para segurar o braço do Branco e controlar seu movimento no chão.

Passos 1 e 2: Bloqueio quadrado – golpe com a mão em lança – bloqueio quadrado

Passos 3 e 4: Bloqueio quadrado – golpe com a mão em lança – bloqueio quadrado

Passos 5 e 6: Bloqueio quadrado – golpe com a mão em lança – bloqueio quadrado

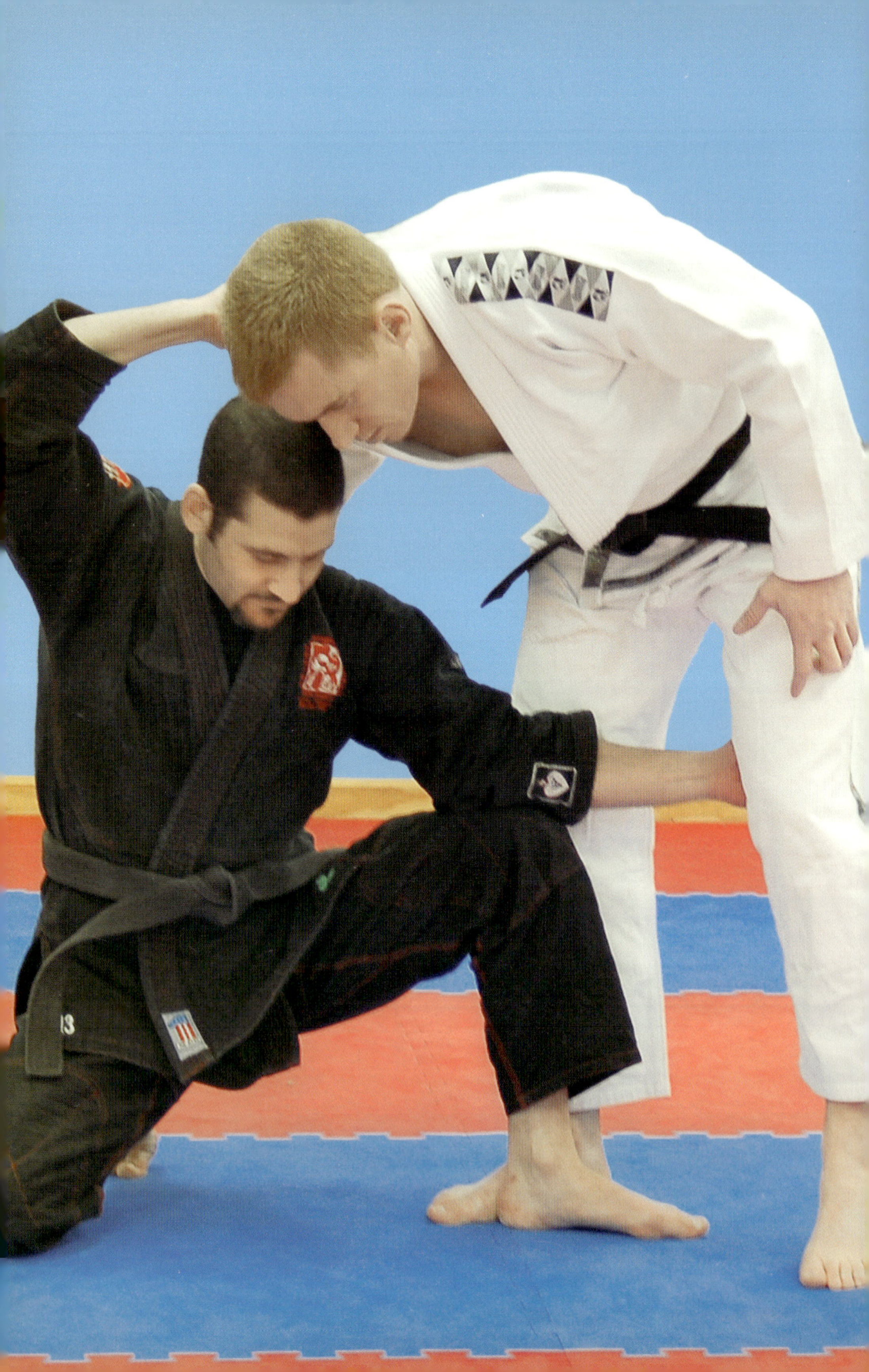

CAPÍTULO 9

Joong-Gun

O sexto estilo no currículo do taekwondo recebeu o nome de An Joong-Gun, um reconhecido patriota coreano e educador do final do século XIX e início do século XX. Como muitos educadores daquela época, a escola de An Joong-Gun, a Sam-Heung (Árvore do Sucesso), foi duramente atacada pela ocupação japonesa da Coreia. Em 1905, a ocupação japonesa foi especialmente rigorosa com grande pressão dos japoneses sobre o governo da Coreia para a assinatura de um tratado aceitando a ocupação e o estadista Hirobumi Ito como general japonês residente na Coreia. Como resultado da opressão japonesa, An Joong-Gun deixou a Coreia e foi para o sul da Manchúria. Foi durante esse tempo que ele formou um pequeno exército e conduziu ataques pela fronteira da Coreia, o que resultou em perseguição constante dos opressores japoneses. Os japoneses tentaram esmagar brutalmente a rebelião das guerrilhas coreanas e provocaram muitas mortes dos dois lados, por causa das ações de combate e assassinatos de ambos os lados. Finalmente, os japoneses tentaram vender as terras nativas dos coreanos, o que acabou levando ao martírio de An Joong-Gun. Após ouvir notícias da tentativa de venda das terras, An Joong-Gun começou a planejar o assassinato de Hirobumi Ito. Em 26 de outubro de 1909, An Joong-Gun colocou seu plano em ação e assassinou Hirobumi Ito, assim que ele desceu de um trem. Com isso, ele foi torturado durante meses até ser executado em março de 1910. Os 32 movimentos desse estilo representam os anos de vida de An Joong-Gun. O estilo Joong-Gun introduz muitas técnicas novas para o praticante, tais como o bloqueio com a mão em lança, técnicas duplas de ataque como os socos duplo alto e de queda e os bloqueios ascendentes em "X" e em forma de "U". Essas técnicas têm uma grande quantidade de aplicações de imobilização que podem ser vistas nas páginas a seguir.

Golpe ascendente com o cotovelo – bloqueio duplo com a mão aberta

Técnica

Combinação 1: Golpe ascendente com o cotovelo – bloqueio duplo com a mão aberta

Aplicação

1. Após ter sido atacado pelo Branco com uma pegada básica, o Preto se coloca na parte de fora do braço do Branco e lhe aplica um golpe ascendente no cotovelo na parte interna do braço. Ao puxar o punho do Branco para baixo enquanto aplica uma pressão ascendente em seu cotovelo, o Preto trava o cotovelo do Branco e controla seus movimentos.

2. Com o Branco desequilibrado pela técnica de travamento de cotovelo, o Preto relaxa a pressão e executa o bloqueio duplo com a mão alongada. Ao executar o bloqueio sobre o braço que está preso, a mão que se encontra na frente efetua um golpe

no peito/garganta do Branco. A combinação do movimento de ataque do braço dianteiro com o movimento de puxão com o braço traseiro faz com que o Branco caia de costas ao chão. Observe que o Preto também pode mudar sua posição de forma que o pé dianteiro fique por trás do pé do Branco, resultando em uma técnica completa de derrubada.

Passo 1: Golpe ascendente com o cotovelo – bloqueio duplo com a mão aberta

Passo 2: Golpe ascendente com o cotovelo – bloqueio duplo com a mão aberta

Bloqueio protetor – pressão com a palma das duas mãos

Técnica

Aplicação

1. Como o Branco ataca o Preto com uma pegada lateral de ombro com a qual poderia desequilibrar o Preto, o Preto contra-ataca ao utilizar o bloqueio protetor para agarrar também o Branco pela lateral. Ao agarrar o Branco, o Preto pode usar a massa corpórea do Branco como contrabalanço, no caso de o Branco tentar desequilibrá-lo.

2. Para esse contra-ataque, o Preto utiliza a pressão com a palma das duas mãos como chave de cotovelo. O Preto executa isso, deslizando a pegada do ombro para o pulso, enquanto aplica com a palma da mão uma pressão ascendente na parte inferior do braço do Branco. A pressão descendente no punho simultaneamente com a pressão ascendente logo acima do cotovelo resultam em uma chave no cotovelo do Branco. Com essa pressão, o Preto é capaz de manter o desequilíbrio do Branco o tempo suficiente para escapar ou para atacar com um golpe.

Combinação 2: Bloqueio protetor – pressão com a palma das duas mãos

Joong-Gun

Passo 1: Bloqueio protetor – pressão com a palma das duas mãos

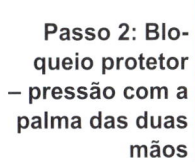

Passo 2: Bloqueio protetor – pressão com a palma das duas mãos

Pressão com a palma das duas mãos – soco gancho

Técnica

Combinação 3: Pressão com a palma das duas mãos – soco gancho

Aplicação

1. O Preto faz pressão palmar da mesma forma que na combinação anterior, para travar a articulação de cotovelo e controlar o movimento do Branco. Dessa vez, contudo, o Preto faz pressão palmar dupla como uma técnica de ataque para levar a novos ataques. É importante observar que, embora essa não seja uma das técnicas mais dolorosas de chave de articulação, quando executada de forma correta dá uma boa noção de controle sobre o oponente.

2. Após desequilibrar o Branco, o Preto relaxa a chave de cotovelo e se move para o soco gancho. Ao puxar o punho do Branco, o

Preto continua não apenas mantendo o Branco fora de equilíbrio, como também o movimenta para onde quiser.

3. Assim que o Preto completa a execução do soco gancho combinada com o ato de puxar o punho do Branco, ele quebra totalmente o equilíbrio do Branco e pode facilmente levá-lo ao chão.

Passo 1: Pressão com a palma das mãos – soco gancho

Passos 2 e 3: Pressão com a palma das mãos – soco gancho

Soco gancho – bloqueio em "C"

Técnica

Combinação 4:
Soco gancho –
bloqueio em "C"

Aplicação

1. O Preto faz o movimento circular do soco gancho para interceptar o chute circular executado pelo Branco. Observe que a mão dianteira do Preto ainda está em posição de defesa a contra-ataques seguidos do Branco e seus pés estão em posição equilibrada para ajudá-lo a absorver a força do chute do Branco.

2. O Preto completa o movimento gancho do soco e, ao fazer isso, força o joelho do Branco em direção ao solo. Essa manipulação da perna do Branco deixa-o em posição fácil de ser controlado e coloca seu equilíbrio totalmente nas mãos do Preto.

3. O Preto então executa o bloqueio em "C" de forma explosiva com uma ligeira trajetória ascendente, o que empurra a perna do Branco para trás em direção ao seu corpo e o desequilibra completamente.

Joong-Gun

Passo 1: Soco gancho – bloqueio em "C"

Passo 2: Soco gancho – bloqueio em "C"

Passo 3: Soco gancho – bloqueio em "C"

Bloqueio em "C" – bloqueio em "C"

Técnica

Combinação 5: Bloqueio em "C" – bloqueio em "C"

Aplicação

1. O Preto faz o primeiro bloqueio em "C" como uma entrada para a técnica de queda. O Preto utiliza a mão de cima para puxar a gola ou a parte de trás do pescoço do Branco para baixo, para desequilibrá-lo.

2. O Preto coloca a mão embaixo, entre as pernas do Branco, para levantá-lo e iniciar a queda. Observe que a posição do Preto é estável e ele pode se mover de forma forte e rápida.

3. Ao puxar o pescoço do Branco e ao mesmo tempo levantá-lo pelo quadril, o Preto desequilibra o Branco e o coloca sobre suas costas. Observe que a posição do Preto permite que ele

absorva o peso do Branco, sem que ele tenha de "levantar e segurar" fisicamente o Branco por muito tempo.

4. Com o Branco sobre seus ombros e com seu quadril em posição estável, o Preto pode mover seus ombros e controlar para onde vai jogar o Branco.

Passos 1 e 2: Bloqueio em "C" – bloqueio em "C"

Passos 3 e 4: Bloqueio em "C" – bloqueio em "C"

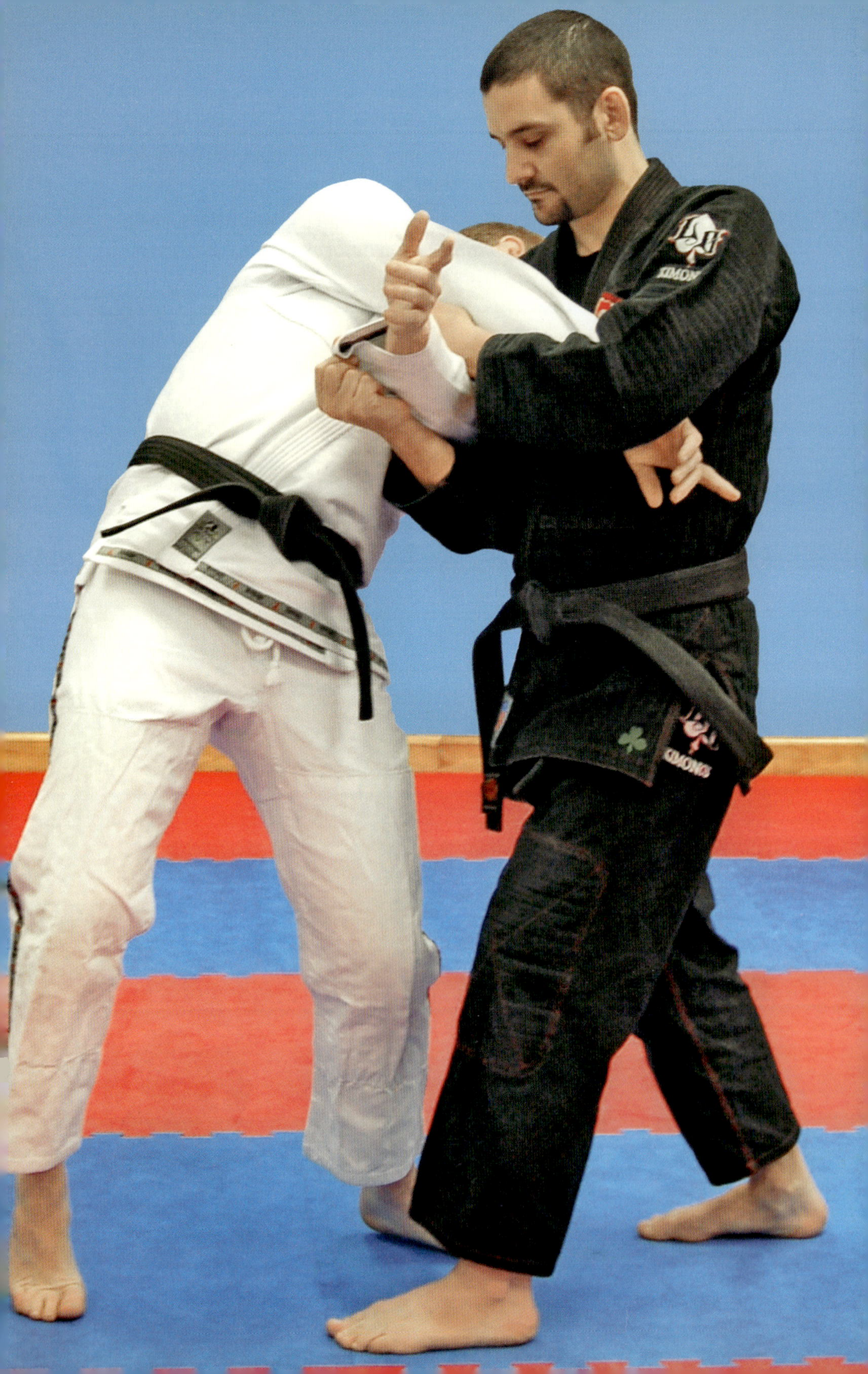

CAPÍTULO 10

Toi-Gye

Toi-Gye é o sétimo estilo no currículo do taekwondo. Toi-Gye, que significa "fluxo de retorno", é o nome literário de Yi Hwang, um estudioso do século XVI, mais conhecido por seus escritos que são vistos como uma grande influência sobre o neo-confucionismo. A base de sua escola de pensamento é a proposição de que "li" (razão) e "chi" (força vital) são responsáveis por todas as características humanas. Seu ponto de vista era muito similar à ideia de corpo e alma do pensamento ocidental. Sua influência erudita levou-o ao mundo da política, onde ele se concentrou nas reformas política e religiosa. O estilo Toi-Gye introduz muitas técnicas, tais como o bloqueio montanha, o golpe com a ponta dos dedos e o chute com o joelho.

Bloqueio montanha – bloqueio descendente

Técnica

Combinação 1: Bloqueio montanha – bloqueio descendente

Aplicação

1. O Branco ataca o Preto com uma pegada cruzada de ombro. Apesar de parecer inofensiva, essa pegada permitirá que o Branco vire o ombro do Preto e acesse suas costas.

2. O Preto rebate a pegada com o bloqueio montanha e contra-ataca agarrando a mão de ataque do Branco e colocando-se na lateral, fora da linha de ataque. Como o Preto se move para o lado, ele utiliza a outra mão para atacar a parte de trás do braço do Branco, logo acima do cotovelo. Esse empurra/puxa simultâneo no punho e cotovelo resulta em uma chave de cotovelo.

3. O Preto continua a combinação mantendo presa a mão de ataque do Branco e escorregando seu outro braço, que estava no cotovelo do oponente, por cima do braço dele, e executa um bloqueio descendente. Observe a mudança na posição do

quadril do Preto durante a execução da combinação. Ao girar seu quadril, o Preto tem o poder de quebrar o braço do Branco e desequilibrá-lo. Observe também como o Preto manipula constantemente o equilíbrio do Branco do começo ao fim da combinação – desequilibrando-o para a frente e para trás. Essa mudança constante de posição não dá ao Branco a chance de se estabilizar o suficiente para tentar um contra-ataque.

Passos 1 e 2: Bloqueio montanha – bloqueio descendente

Passo 3: Bloqueio montanha – bloqueio descendente

Pegada de pescoço com as duas mãos – chute ascendente com o joelho

Técnica

Combinação 2: Pegada de pescoço com as duas mãos – chute ascendente com o joelho

Aplicação

O Preto utiliza a combinação como técnica de controle a ser usada assim que o Branco é levado ao chão, agarrando a parte de trás do pescoço do Branco com as duas mãos e ao mesmo tempo direcionando seu joelho para o esterno do Branco. Essa combinação de movimentos resulta em duas técnicas que podem ser usadas para controlar o oponente. A primeira, como resultado da pegada de pescoço com as duas mãos, é conhecida na técnica de imobilização como manivela de pescoço. A segunda técnica, com o joelho sobre o peito, resulta em um tipo de asfixia que trabalha no sentido de não permitir a abertura do peito, impedindo a entrada de ar nos pulmões. A combinação de ambas é devastadora.

Pegada de pescoço com as duas mãos – chute ascendente com o joelho

Dorso do punho/bloqueio descendente – salto baixo do bloqueio em "X"

Técnica

Combinação 3: Dorso do punho/bloqueio descendente – salto baixo do bloqueio em "X"

Aplicação

1. O Preto faz a combinação dorso do punho/bloqueio descendente – salto baixo do bloqueio em "X" como defesa contra a pegada dupla do Branco em sua lapela. O Preto usa a natureza circular da técnica combinada com a ação forte do quadril para se livrar do Branco, desequilibrá-lo e preparar-se para novos ataques.

2. Após dar um passo para trás durante a defesa com o dorso do punho/bloqueio descendente que resulta no desequilíbrio do Branco para a frente, o Preto imediatamente se movimenta para o salto baixo do bloqueio em "X" para desequilibrar o Branco para trás. Observe que o Preto mantém o controle

Toi-Gye

Passo 1: Dorso do punho/bloqueio descendente – salto baixo do bloqueio em "X"

sobre os braços do Branco e mantém seu corpo ao lado do corpo de seu oponente, protegendo-se de contra-ataques. Observe a posição da perna dianteira do Preto. Com essa perna ele está aplicando pressão na parte externa do joelho do Branco e seu pé dianteiro prende o pé dianteiro do Branco.

3. O Preto termina a combinação continuando o movimento para a frente, levando o Branco ao chão porque seu impulso para a frente pressionou o joelho do Branco enquanto seu pé dianteiro evitou que ele desse um passo para trás. O resultado é o joelho do Branco batendo no chão, o que permite que o Preto escape ou continue a atacar.

Passo 2: Dorso do punho/bloqueio descendente – salto baixo do bloqueio em "X"

Passo 3: Dorso do punho/bloqueio descendente – salto baixo do bloqueio em "X"

Bloqueio duplo baixo com a mão alongada – bloqueio circular

Técnica

Combinação 4: Bloqueio duplo baixo com a mão alongada – bloqueio circular

Aplicação

1. O Branco ataca o Preto com uma pegada lateral de lapela. Esse tipo de ataque dá ao Branco algum tipo de controle sobre o movimento do Preto, porém, mais importante, evita que o Preto se afaste do Branco caso este comece a atacá-lo com golpes.

2. O Preto contra-ataca com a execução de um bloqueio duplo com a mão alongada. Esse bloqueio permite que o Preto enfraqueça o golpe do Branco em sua lapela e o desequilibra. O Preto utiliza sua outra mão para puxar o outro braço do Branco em sua direção, o que resulta em uma maior capacidade do Preto de se defender de quaisquer tentativas de ataque de seu oponente.

3. Com esse aperto no braço esquerdo do Branco, o Preto executa o bloqueio circular por baixo do braço direito do Branco.

Isso impossibilita completamente qualquer capacidade de ataque do Branco e coloca o Preto no controle da situação. Dessa posição, o Preto poderia facilmente terminar a luta com golpes de joelho na caixa torácica do Branco ou com uma varredura no pé de apoio do Branco.

Passos 1 e 2: Bloqueio duplo baixo com a mão alongada – bloqueio circular

Passo 3: Bloqueio duplo baixo com a mão alongada – bloqueio circular

Bloqueio circular – bloqueio circular

Técnica

Combinação 5: Bloqueio circular – bloqueio circular

Aplicação

1. O Branco ataca o Preto com um agarramento lateral de lapela. Esse tipo de ataque dá ao Branco algum tipo de controle sobre o movimento do Preto, porém, mais importante, evita que o Preto se afaste do Branco, caso ele comece a atacá-lo com golpes.

2. Nessa combinação, o Preto utiliza o primeiro bloqueio circular mais como uma forma de soltar seu peso sobre o braço de ataque do Branco do que como bloqueio ou ataque. Com o peso de seu corpo, o Preto executa o bloqueio circular contra o braço de ataque do Branco para desequilibrá-lo e dobrar seu braço.

3. O Preto utiliza o segundo bloqueio circular ao redor do pescoço do Branco como uma variação da técnica guilhotina de asfixia

Toi-Gye 187

conhecida como "Willotine". Mantendo seu peso na parte de trás do pescoço do Branco enquanto levanta o braço que asfixia, o Preto aplica uma grande pressão sobre a garganta do Branco.

Passos 1 e 2: Bloqueio circular – bloqueio circular

Passo 3: Bloqueio circular – bloqueio circular

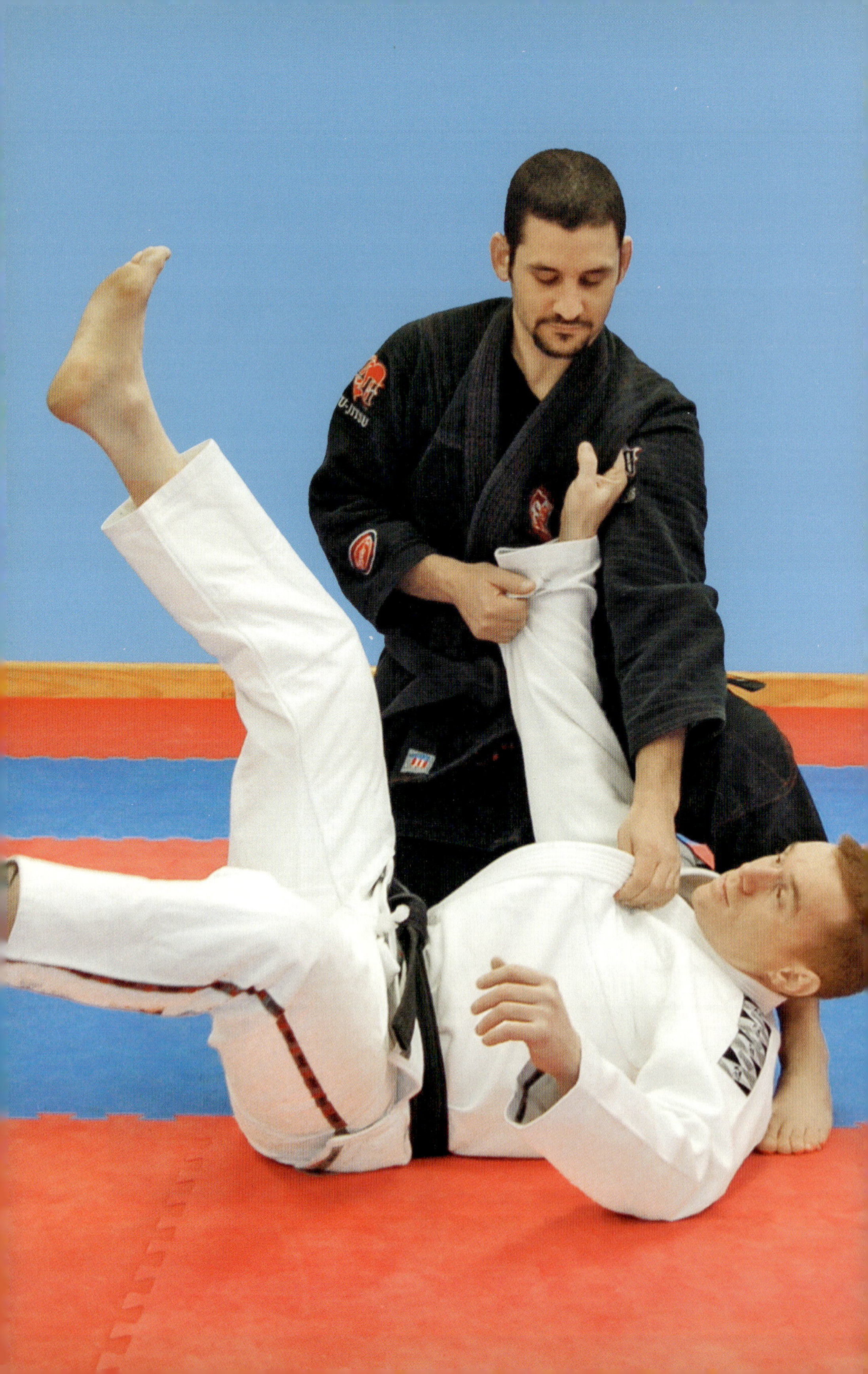

CAPÍTULO 11

Hwa-Rang

Hwa-Rang, o oitavo estilo no currículo do taekwondo, é único, que, em vez de receber o nome de uma pessoa específica, recebeu o nome de um grupo de pessoas, o grupo jovem Hwa-Rang da Dinastia Silla, do século VI. Hwa-Rang, cuja tradução é "Flor da Cavalaria", era um grupo de jovens da nobreza escolhidos por sua beleza e virtude. Esses grupos eram compostos por milhares de membros e seus líderes, chamados Kuk-Son, geralmente se tornavam oficiais do governo, líderes militares e até mesmo reis da Dinastia Silla. Os Hwa-Rang eram educados em muitas áreas acadêmicas tradicionais como literatura, dança e ciências, mas também eram extensivamente treinados em arco e flecha e combate corpo a corpo. Os Hwa-Rang, frequentemente comparados aos samurais do Japão, tinham um código pelo qual eram bem conhecidos: lealdade ao rei e ao país, obediência aos pais, sinceridade entre amigos, nunca recuar na batalha e justiça ao matar. De fato, as nove virtudes do Hwa-Rang, humanidade, justiça, cortesia, sabedoria, confiança, bondade, virtude, lealdade e coragem, são encontradas nos princípios atuais do taekwondo. Hwa-Rang introduz novas técnicas para o praticante de taekwondo, como o golpe com a palma da mão na posição sentada, chutes circulares altos e o uso da postura vertical.

Bloqueio quadrado – soco virado – soco ataque

Técnica

Combinação 1: Bloqueio quadrado – soco virado – soco ataque

Aplicação

1. O Preto ataca o Branco com um agarramento duplo de punho.

2. Em vez de tentar desequilibrar o Branco, o Preto imediatamente gira seu quadril e executa o bloqueio quadrado que resulta no Branco sendo virado e empurrado para a frente. Dessa forma, o Preto fica em posição de evitar que o Branco contra-ataque ou que tenha acesso às suas costas.

3. O Preto utiliza seu acesso às costas do Branco como resultado do bloqueio quadrado para aplicar o soco virado como técnica de asfixia. Observe que o braço do Preto perfeitamente encaixado debaixo do queixo do Branco e seu cotovelo aponta para baixo, em direção ao seu quadril, na linha do esterno do Branco.

4. O Preto trava o estrangulamento executando o soco ataque no ombro do Branco e, então, segura a chave de estrangulamento, agarrando o bíceps do outro braço com a mão de cima.

Passos 1 e 2: Bloqueio quadrado – soco virado – soco ataque

Passos 2 e 3 - Bloqueio quadrado – soco virado – soco ataque

Soco ataque – golpe descendente com a mão alongada

Técnica

Combinação 2: Soco ataque – golpe descendente com a mão alongada

Aplicação

1. O Branco ataca o Preto com uma pegada lateral de lapela. Com esse ataque, ele é capaz de puxar o oponente para os próximos socos de ataque, além de virá-lo de forma a poder ter acesso às suas costas. O Preto revida esse agarramento executando o soco ataque debaixo do braço de ataque do Branco. Ao enfiar seu braço sob o braço de ataque do Branco, o Preto também direciona seu ombro para a parte superior do braço do Branco, puxando-o pela manga. A combinação dessas ações desequilibra o Branco.

2. O Preto aproveita a vantagem sobre a perda temporária de equilíbrio do Branco para começar a execução do golpe descendente com a mão aberta, e utiliza a posição baixa que assumiu durante

a execução do soco ataque para direcionar suas pernas para cima durante a fase inicial do golpe com a mão aberta.

3. Enquanto mantém o agarramento na manga do Branco, o Preto aproveita a estrutura inerente de cotovelo e ombro e golpeia de cima para baixo. Isso resulta no travamento do ombro do Branco, enquanto o Preto consegue executar uma chave dolorosa no ombro ou no braço do Branco.

Passo 1: Soco ataque – golpe descendente com a mão alongada

Passos 2 e 3: Soco ataque – golpe descendente com a mão alongada

Golpe descendente com a mão aberta – soco ataque – bloqueio descendente

Técnica

Combinação 3: Golpe descendente com a mão aberta – soco ataque – bloqueio descendente

Aplicação

1. O Branco ataca o Preto com uma pegada cruzada de punho.
2. O Preto contra-ataca utilizando a fase inicial do movimento circular do golpe descendente com a mão aberta, para soltar seu braço.
3. O Preto completa o círculo descendente do golpe e ganha controle sobre o braço de ataque do Branco.
4. O Preto mantém controle sobre o punho de ataque do Branco e aplica o soco ataque transversalmente na garganta do adversário. A combinação do Preto puxando o punho do Branco com a mão direita e a pressão posterior do soco ataque na garganta do Branco resulta no desequilíbrio do Branco.
5. Com o Branco em desequilíbrio pela combinação de ataques do Preto, fica fácil para o Preto desequilibrá-lo completamente.

O Preto balança a perna para trás de forma a usar a força de seu quadril para executar o bloqueio descendente.

6. O Preto então executa o bloqueio descendente enquanto segura o punho do oponente, e o Branco acaba sendo levado para trás e para o chão, onde o Preto mantém controle sobre ele.

Passos 1, 2 e 3: Golpe descendente com a mão aberta – soco ataque – bloqueio descendente

Passo 4: Golpe descendente com a mão aberta – soco ataque – bloqueio descendente

Passos 5 e 6: Golpe descendente com a mão aberta – soco ataque – bloqueio descendente

Puxão – chute lateral

Técnica

Combinação 4: Puxão – chute lateral

Aplicação

1. O Preto ataca o Branco por trás, usando o punho na técnica com a palma da mão como um mata-leão. Mantendo o cotovelo na linha do esterno do Branco e empurrando para trás em direção ao seu corpo, o Preto pressiona as artérias carótidas do Branco.

2. O Preto executa o chute lateral na parte de trás do joelho do Branco, desmoronando sua sustentação e criando um efeito "forca" que aumenta a pressão do estrangulamento.

Técnicas de Imobilização do Taekwondo

Passo 1: Puxão – chute lateral

Passo 2: Puxão – chute lateral

Chute circular – bloqueio duplo com a mão aberta – bloqueio descendente

Técnica

Combinação 5: Chute circular – bloqueio duplo com a mão aberta – bloqueio descendente

Aplicação

1. O Branco ataca o Preto com uma pegada lateral de lapela. Apesar de não ser o mais perigoso dos ataques, dá ao Branco a vantagem de poder empurrar ou puxar o Preto com muita facilidade.

2. O Preto rebate a pegada ao utilizar um chute circular na região do tornozelo com uma varredura na perna do Branco. Apesar de isso não tirar completamente os pés do Branco do chão, vai momentaneamente quebrar seu equilíbrio, o que dá ao Preto uma oportunidade de continuar seu contra-ataque.

3. Com o Branco fora de equilíbrio, o Preto utiliza o bloqueio duplo com a mão aberta como forma de desequilibrar ainda mais o Branco.

4. O Preto então agarra a lapela do Branco e começa o bloqueio descendente.

5. O Preto então encaixa seu quadril e executa o bloqueio descendente, levando o adversário em desequilíbrio ao chão.

Passos 1 e 2: Chute circular – bloqueio duplo com a mão aberta – bloqueio descendente

Passos 3, 4 e 5: Chute Circular – bloqueio duplo com a mão aberta – bloqueio descendente

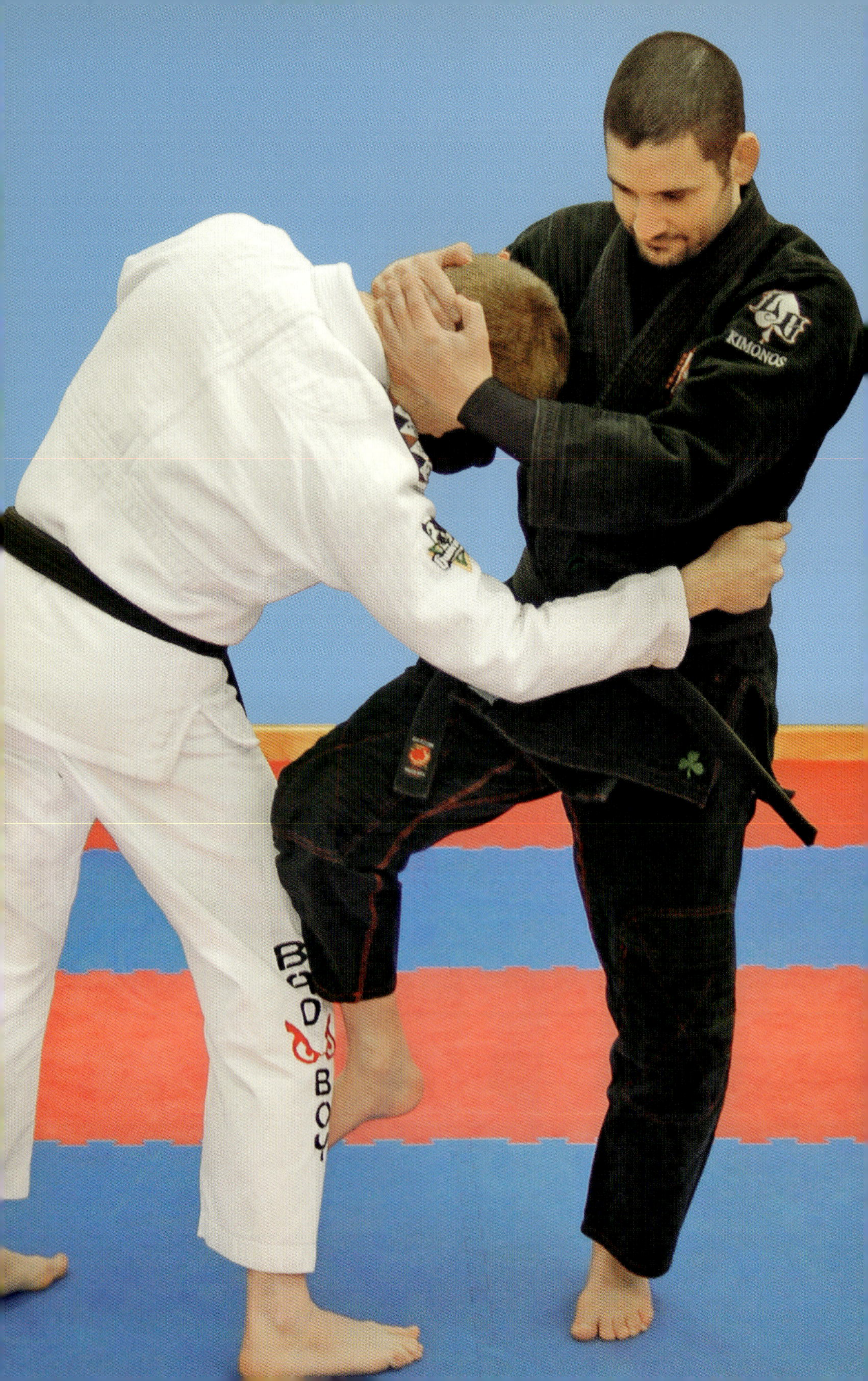
KIMONOS

CAPÍTULO 12

Choong-Moo

Choong-Moo é o nono estilo do currículo do taekwondo e em muitas organizações é o último estilo de faixa colorida. Choog-Moo é o nome verdadeiro de Yi Sun-Sin, um almirante do século XVI, responsável pelas operações navais durante a Dinastia Choson, que derrotou os japoneses em 1592 e 1598. Choog-Moo é também famoso por ser inventor do Kobukson, um navio com placas de ferro ao longo de um madeiramento com quatro polegadas de espessura para proteger os soldados e os remadores a bordo. Diziam que a embarcação parecia uma tartaruga e tinha até um aríete na frente, em forma de tartaruga. Os marinheiros a bordo do navio podiam lançar fogo, flechas e mísseis da boca da tartaruga. Além dessa abertura na frente, o Kobukson tinha também outra abertura similar na parte traseira, além de outras seis nas laterais do navio. Por último, o escudo de ferro tinha pontas e facas presas a ele para impedir que outros navios o abalroassem. E como se esse arsenal e armadura não fossem suficientes, o Kobukson ainda era o mais pesado e o mais rápido navio sobre as águas daquela época. A excelente construção do Kobukson somada com o dom de Choong-Moo em táticas navais eram uma combinação quase imbatível. Choong-Moo é considerado um dos maiores heróis da história coreana. O estilo é único no que se refere à finalização dos ataques com a mão esquerda. A mão esquerda simboliza a morte lamentável do almirante Yi e, na tradição budista, simboliza o estado de iluminação. Choong-Moo introduz novas técnicas de chute ao praticante de taekwondo como o chute voador lateral e o chute giratório por trás.

Bloqueio quadrado com a mão aberta – bloqueio alto/golpe para dentro com a mão aberta

Técnica

Combinação 1:
Bloqueio quadrado com a mão aberta – bloqueio alto/golpe para dentro com a mão aberta

Aplicação

1. O Branco ataca o Preto, agarrando seus dois punhos. Esse ataque dá ao Branco controle completo sobre os braços do Preto e permite que ele empurre seu adversário em qualquer direção. O Preto rebate a pegada executando o bloqueio quadrado como uma técnica de defesa para desequilibrar o Branco e trazer seus braços mais próximos do corpo ao mesmo tempo em que afasta o Branco. É importante observar que a posição dos braços em relação ao corpo tem um grande efeito sobre a força gerada pelos braços.

2. O Preto utiliza o bloqueio alto para elevar o braço do Branco para cima e para trás, enquanto usa a entrada da mão aberta para forçar o dobramento do cotovelo. Dessa posição, o Preto é capaz de conseguir controle completo sobre o braço do Branco. Com o braço do Branco preso ao seu, conforme passo 2, o Preto pode usar o braço dobrado como alavanca para levar o Branco ao chão.

Choong-Moo

Passo 1: Bloqueio quadrado com a mão aberta – bloqueio alto/golpe para dentro com a mão aberta

Passo 2: Bloqueio quadrado com a mão aberta – bloqueio alto/golpe para dentro com a mão aberta

Pegada de pescoço com as duas mãos – chute com o joelho – golpe com a mão em lança

Técnica

Combinação 2: Pegada do pescoço com as duas mãos – chute com o joelho – golpe com a mão em lança

Aplicação

1. O Preto utiliza a pegada de pescoço com as duas mãos, como um aperto vertical para obter controle sobre o movimento do Branco e controlar a posição de sua cabeça. Dessa posição, ao girar o quadril, o Preto pode empurrar o Branco para onde quiser.

2. O Preto aplica o chute com joelho como um empurrão para chegar perto e executar uma queda no Branco. Alternativamente, o Preto pode direcionar o joelho para a coxa do Branco para evitar que ele impeça o lance.

3. O Preto desliza um dos braços que está ao redor do pescoço do Branco e utiliza esse aperto como alavanca, combinado com o

movimento de empurrão do chute com o joelho, para jogar o Branco sobre suas costas.

4. O Preto então continua a puxar a cabeça do Branco, enquanto utiliza seu quadril para levantar e jogar o Branco sobre seu quadril e daí para o chão à sua frente.

Passos 1 e 2: Pegada de pescoço com as duas mãos – chute com o joelho – golpe com a mão em lança

Passos 3 e 4: Pegada de pescoço com as duas mãos – chute com o joelho – golpe com a mão em lança

Dorso do punho traseiro/bloqueio descendente – golpe com a mão em lança

Técnica

Combinação 3: Dorso do punho traseiro/bloqueio descendente – golpe com a mão em lança

Aplicação

1. O Branco ataca o Preto com uma pegada lateral de punho. Apesar de parecer que esse golpe não tem muito efeito sobre o Preto, o Branco pode utilizá-lo para imobilizar o Preto por um breve momento e assim tentar atacá-lo.

2. O Branco faz a pegada para imobilizar o Preto de forma a poder chutá-lo no meio do corpo. De fato, a reação natural do Preto para trás permitirá que o chute do Branco alcance total extensão antes de estabelecer contato, tornando-o assim mais potente.

3. O Preto usa a natureza circular do bloqueio descendente dessa combinação para se defender da perna do Branco e agarrá-la. O Preto faz isso ao mesmo tempo em que puxa sua outra mão para a posição dorsal de punho. Ao fazer esses movimentos em conjunto, o Preto tem o controle sobre a perna e o braço do Branco. Assim fica difícil para o Branco fazer outra coisa a não ser tentar manter o equilíbrio.

4. O Preto utiliza o movimento para a frente, do golpe com a mão em lança, para entrar direto sobre o Branco e completar a quebra de seu equilíbrio. O Preto solta o punho do Branco e executa o golpe com a mão em lança debaixo do braço do Branco, com uma pegada ao redor de sua cintura. Observe a posição do pé do Preto atrás da perna base do Branco.

5. O Preto completa a combinação continuando seu movimento para a frente até que seja capaz de jogar o Branco ao chão. Observe que o Preto utiliza a perna dianteira dobrada à frente como uma técnica de esmagamento de virilha no Branco, que está no chão.

Passo 1: Dorso do punho traseiro/ bloqueio descendente – golpe com a mão em lança

Passos 2 e 3: Dorso do punho traseiro/bloqueio descendente – golpe com a mão em lança

Passos 4 e 5: Dorso do punho traseiro/bloqueio descendente – golpe com a mão em lança

Golpe com a mão em lança – bloqueio apoiado na parte externa do antebraço

Técnica

Combinação 4: Golpe com a mão em lança – bloqueio apoiado na parte externa do antebraço

Aplicação

1. O Branco ataca o Preto com uma pegada lateral de punho. Apesar de parecer que esse golpe não tem muito efeito sobre o Preto, ele pode utilizá-lo para imobilizar o Preto por um breve momento e assim tentar atacá-lo.

2. O Preto rebate o ataque ao utilizar a mão do bloqueio com a parte externa do antebraço, colocando sua mão de bloqueio acima do punho de ataque do Branco; em seguida, aplica pressão descendente enquanto inicia o movimento do bloqueio com a parte externa do antebraço.

3. Com seu braço de bloqueio, o Preto continua mantendo contato com o punho de ataque de seu oponente, enquanto escorrega o braço de apoio por baixo do braço de ataque do Branco.

4. Utilizando o movimento do giro desse estilo, a mão de apoio do Preto aplica uma pressão descendente por trás do ombro do Branco, forçando-se a se curvar para a frente. Enquanto isso, o Preto emprega a mão de bloqueio na parte de trás do pescoço do Branco para controlar ainda mais a curvatura.

Passos 1 e 2: Golpe com a mão em lança – bloqueio apoiado na parte externa do antebraço

Choong-Moo

Passos 3 e 4: Golpe com a mão em lança – bloqueio apoiado na parte externa do antebraço

Bloqueio duplo com a mão alongada – golpe invertido com a mão em lança – dorso do punho traseiro/bloqueio descendente

Técnica

Combinação 5: Bloqueio duplo com a mão alongada – golpe invertido com a mão em lança – dorso do punho traseiro/bloqueio descendente

Aplicação

1. O Preto faz o bloqueio duplo com a mão alongada para criar espaço entre ele e o Branco. Dessa forma, o Branco fica incapaz de conseguir um gancho inferior com o braço direito e terá maior dificuldade de manter uma boa pegada sobre o Preto.

2. O Preto então utiliza o espaço criado com o bloqueio duplo com a mão alongada chamado de "pegada de tornozelo". Segura o braço do Branco pela mesma lateral de forma que ele não possa pegá-lo e interferir na execução da técnica.

3. O Preto utiliza o golpe com o dorso do punho traseiro para puxar a perna, enquanto puxa para baixo com a mão dianteira. Esses movimentos simultâneos desequilibram e derrubam o Branco.

Choong-Moo

Passo 1: Bloqueio duplo com a mão alongada – golpe invertido com a mão em lança – dorso do punho traseiro/bloqueio descendente

Passos 2 e 3: Bloqueio duplo com a mão alongada – golpe invertido com a mão em lança – dorso do punho traseiro/bloqueio descendente

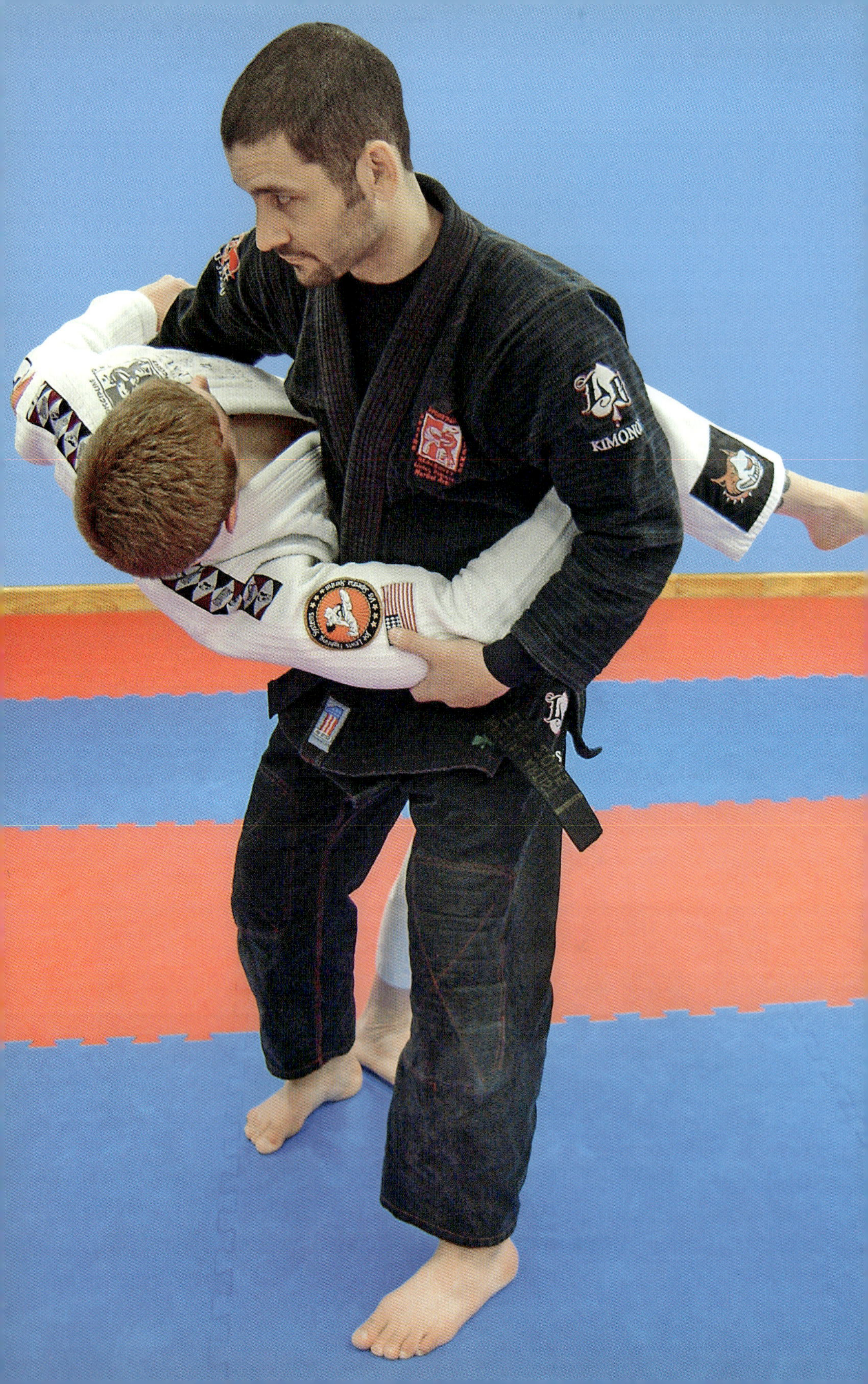
KIMONO

CAPÍTULO 13

Kwang-Gae

Kwang-Gae é o décimo estilo do currículo taekwondo e é o primeiro nível de faixa preta ensinado em muitas organizações de taekwondo. Recebeu esse nome em homenagem a Kwang-Gae To Wang, 19º rei da Dinastia Koguryo. Kwang-Gae é lembrado pela expansão das terras da Dinastia Koguryo que inclui dois terços do que hoje é conhecido como Coreia, Manchúria e Mongólia Interior. Os 39 movimentos do estilo Kwang-Gae representam o número de anos de domínio de Kwang-Gae, bem como os dois primeiros números do ano em que ele se tornou rei, 391 d.C. A forma ímpar do estilo representa a ampliação territorial do rei. Kwang-Gae introduz novas técnicas de movimento para o praticante de taekwondo como o passo duplo à frente, passo duplo à frente e giro, e mudanças de posturas. Ofensivamente, Kwang-Gae introduz os conceitos de chutes consecutivos ou duplos (chute lateral com pressão/chute lateral).

Palma da mão alongada – soco reverso virado

Técnica

Combinação 1: Palma da mão alongada – soco reverso virado

Aplicação

1. O Branco agarra os dois punhos do Preto. Isso dá ao Branco a vantagem de controlar os movimentos do Preto, bem como eliminar o uso de seus braços para contra-ataque e equilíbrio.

2. O Preto utiliza o balanço ascendente do ataque circular com a mão aberta, para atacar a parte fraca da pegada do Branco, ou seja, seus polegares. Como resultado, o Preto liberta suas mãos da pegada do Branco.

3. Como o Preto completa a parte circular do golpe e o traz para a palma da mão, o resultado é um leve desequilíbrio do Branco. Observe também que o braço esquerdo do Branco está dobrado de forma que ele não tem muita possibilidade de escapar, enquanto seu braço direito está preso pelos braços do Preto.

Kwang-Gae

4. O Preto executa o soco reverso virado, enquanto mantém o aperto no punho do Branco. O resultado é uma chave de cotovelo/ombro no braço do Branco, bem como a quebra de seu equilíbrio.

Passo 1: Palma da mão alongada – soco reverso virado

Passo 2: Palma da mão alongada – soco reverso virado

Passo 3: Palma da mão alongada – soco reverso virado

Passo 4: Palma da mão alongada – soco reverso virado

Bloqueio gancho – bloqueio duplo baixo com a mão aberta

Técnica

Combinação 2: Bloqueio gancho – bloqueio duplo baixo com a mão aberta

Aplicação

1. O Branco agarra a lapela lateral do Preto. Esse ataque dá ao Branco a habilidade de manter o Preto em um local específico, enquanto ele tenta atacá-lo. O Branco também é capaz de empurrar o Preto para trás, o que deve resultar provavelmente em sua queda de costas ao chão.

2. O Preto rebate a pegada, colocando-se do lado de fora do braço do Branco, enquanto executa o bloqueio gancho no braço do Branco, próximo do cotovelo.

3. Após se mover para a lateral externa e ganhar controle sobre o Branco, o Preto inicia o bloqueio duplo baixo com a mão aberta na garganta do Branco, enquanto mantém seu braço preso.

Kwang-Gae

4. O Preto completa o bloqueio duplo baixo com a mão aberta com seu golpe no braço do Branco, enquanto executa o bloqueio no ângulo inferior para trás. Observe que o Preto utiliza suas pernas para se colocar na técnica, de forma que é o peso de seu corpo, e não apenas seus braços, que dirige a técnica.

Passo 1: Bloqueio gancho – bloqueio duplo baixo com a mão aberta

Passo 2: Bloqueio gancho – bloqueio duplo baixo com a mão aberta

Passo 3: Bloqueio gancho – bloqueio duplo baixo com a mão aberta

Passo 4: Bloqueio gancho – bloqueio duplo baixo com a mão aberta

Pressão palmar – pressão palmar

Técnica

Combinação 3: Pressão palmar – pressão palmar

Aplicação

1. O Preto utiliza a técnica da pressão palmar para se defender de ataque lateral do Branco em sua lapela. Observe que o Preto utiliza a lateral da mão para atacar o músculo bíceps do Branco. Apesar de isso não causar um dano significativo, é bastante doloroso e obrigará o Branco a se mover para baixo para escapar da dor. Observe também que não é o golpe descendente com a palma da mão que causa a reação do Branco, mas a combinação do golpe com a soltura do peso do corpo do Preto que faz com que se abaixe.

2. O Preto faz a segunda pressão palmar contra a lateral da cabeça do Branco. Como o Branco já está desequilibrado com o primeiro golpe, ele continua o movimento nessa direção. Com a quebra do equilíbrio do Branco, o Preto agora pode escapar ou continuar seu contra-ataque, chutando as costelas desprotegidas do Branco.

Passo 1: Pressão palmar – pressão palmar

Passo 2: Pressão palmar – pressão palmar

Bloqueio de apoio com a parte externa do antebraço – bloqueio tesoura

Técnica

Combinação 4: Bloqueio de apoio com a parte externa do antebraço – bloqueio tesoura

Aplicação

1. O Preto ataca o Branco com o bloqueio de apoio com a parte externa do antebraço ao agarrar a lapela do Branco com as duas mãos, colocando o braço de bloqueio na parte superior e a mão de apoio, na parte inferior da lapela, próximo da faixa. Com esse aperto, o Preto consegue manipular os movimentos do Branco e está em boa posição para executar muitos ataques e quedas.

2. O Preto utiliza o bloqueio tesoura para reverter a posição de sua mão na lapela do Branco. Com a mão que está acima, o Preto puxa o Branco para baixo, coloca a mão ao redor da cabeça do Branco (observe o cotovelo) e prende o Branco com um laço asfixiante. Em seguida, o Preto sobe a mão que está embaixo e agarra o outro braço do Branco, evitando que ele prepare qualquer contra-ataque significativo.

Passo 1: Bloqueio de apoio com a parte externa do antebraço – bloqueio tesoura

Passo 2: Bloqueio de apoio com a parte externa do antebraço – bloqueio tesoura

Soco alto com as duas mãos – soco virado com as duas mãos – chute frontal

Técnica

Combinação 5: Soco alto com as duas mãos – soco virado com as duas mãos – chute frontal

Aplicação

1. O Preto aplica o soco alto com as duas mãos como um agarramento duplo de lapela combinado com um empurrão. De uma perspectiva de imobilização, o objetivo desse ataque é desequilibrar o Branco de forma que possa continuar com os ataques subsequentes.

2. O Preto utiliza a perda temporária de equilíbrio do Branco para aplicar um gancho duplo por baixo, conseguindo, dessa forma, controlar os movimentos do Branco.

3. O Preto aplica o chute frontal para empurrar seu quadril para a frente e ultrapassar o Branco. Esse é o *rechambering* do chute frontal que o Preto usa como aplicação efetiva. O Preto coloca sua perna de chute por trás do pé do Branco e combina a colocação de seu pé com a elevação de seu quadril para forçar o Braço para trás e jogá-lo ao chão.

Passo 1: Soco alto com as duas mãos – soco virado com as duas mãos – chute frontal

Passo 2: Soco alto com as duas mãos – soco virado com as duas mãos – chute frontal

Passo 3: Soco alto com as duas mãos – soco virado com as duas mãos – chute frontal

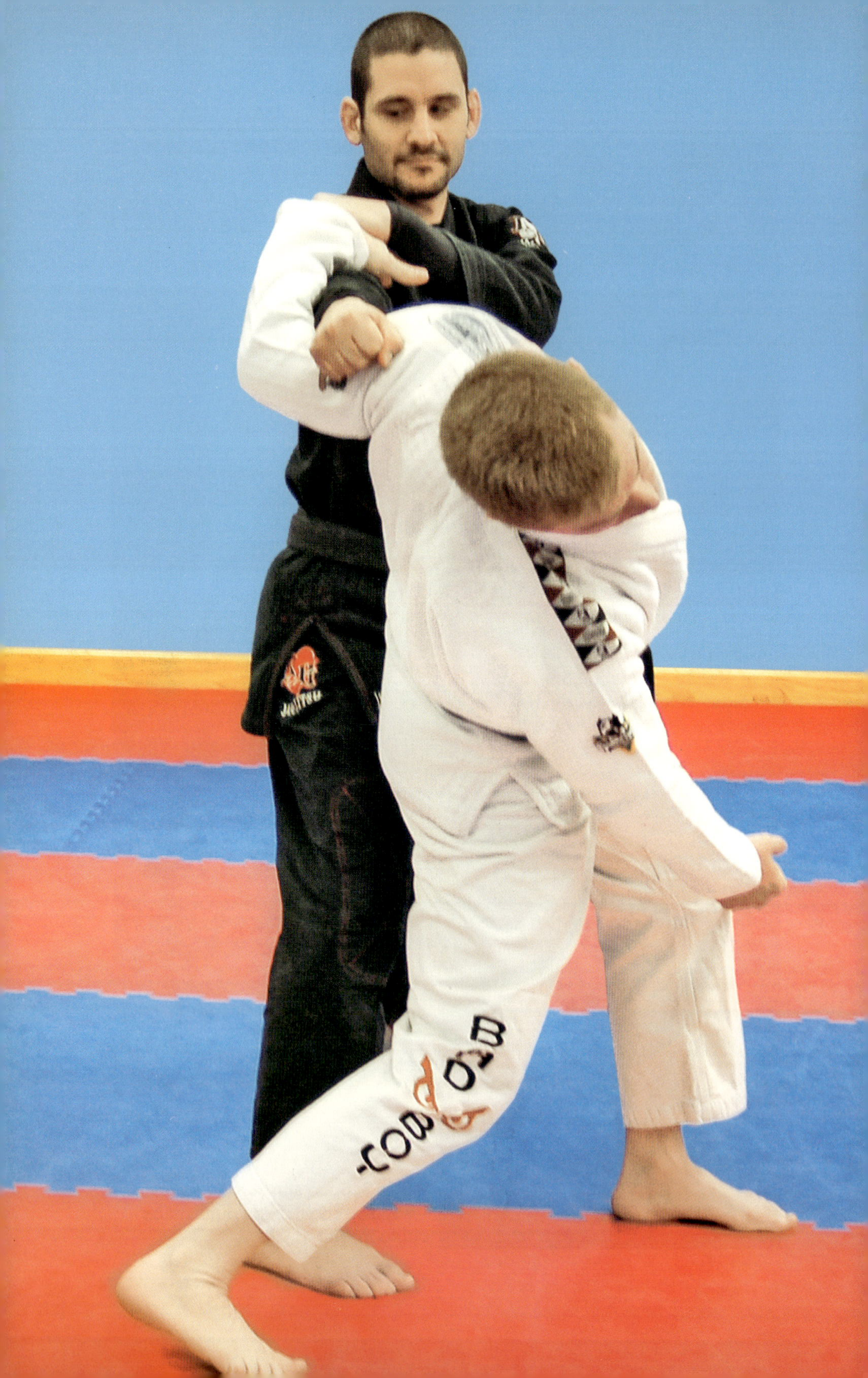

Capítulo 14

Po-Eun

O 11º estilo do currículo do taekwondo é chamado Po-Eun, o nome literário de Mong Ju Chung, um erudito e poeta do século XIV, da Dinastia Koryo. Ele era bem conhecido por sua inteligência, a qual utilizou para alcançar a mais alta pontuação possível em três concursos públicos do governo coreano. Seu conhecimento em muitas áreas era amplamente sabido e confiável e, por isso, ele era constantemente convocado pelo rei sobre vários projetos de escala nacional. Além de ser um estudioso de alto grau de confucionismo e acabou sendo também pioneiro no campo da física. De todos os seus reconhecimentos, Po-Eun era mais conhecido e respeitado por seu patriotismo. Na verdade, foi seu forte senso de patriotismo que o levou à morte prematura. Um rei da Dinastia Ri tentou obter apoio de Po-Eun para alguns assuntos de Estado, trazendo-o para seu lado. Logicamente Po-Eun declinou o convite e acabou sendo assassinado com um martelo de ferro sobre uma ponte próxima do centro da cidade. O estilo Po-Eun segue uma linha horizontal simples que representa a lealdade a seu rei, o que lhe custou a própria vida. O estilo Po-Eun introduz muitas técnicas com parada de mão, executadas a partir da posição sentada, como os bloqueios de calço, socos de apoio, socos angulados e bloqueios de proteção com a mão em lança.

Ataque duplo virado – chute lateral baixo – ataque para fora com a mão aberta

Técnica

Combinação 1: Ataque duplo virado – chute lateral baixo – ataque para fora com a mão aberta

Aplicação

1. O Preto aplica o soco duplo virado para desequilibrar o Branco. A postura guindaste permite que o Preto ataque as costelas do Branco com o joelho, para desorientar o Branco, ou como alavanca no quadril do Branco, para desequilibrá-lo.

2. Com o Branco desequilibrado em uma direção, o Preto utiliza o chute lateral baixo como forma de soltar o peso de seu corpo e desequilibrar o Branco na outra direção. O Preto mantém a parte de trás de sua perna em contato com a parte de trás da perna do Branco, desequilibrando o Branco com um ataque duplo virado.

Passo 1: Ataque duplo virado – chute lateral baixo – ataque para fora com a mão aberta

Passos 2 e 3: Ataque duplo virado – chute lateral baixo – ataque para fora com a mão aberta

Soco gancho – bloqueio tesoura

Técnica

Combinação 2: Soco gancho – bloqueio tesoura

Aplicação

1. O Branco ataca o Preto com uma pegada lateral de punho, o que permite que ele desequilibre o Preto ou evite que ele escape de uma sequência de ataques.

2. O Preto se defende ao girar o punho no sentido horário ao redor do Branco e depois executar o soco gancho. O movimento de ataque permite que o Preto utilize seu quadril com sua nova posição de mão para agarrar o punho do Branco e desequilibrá-lo.

3. O Preto completa o contra-ataque com o bloqueio tesoura para ter vantagem sobre a posição desequilibrada do Branco. O Preto puxa o braço agarrado para baixo, utilizando o bloqueio tesoura para criar uma pressão ascendente sobre o mesmo braço. Esse movimento permite que o Preto controle o braço do Branco e impeça que ele escape, enquanto, revidando com chutes ou com um giro de quadril, ele pode travar seu ombro.

Passos 1 e 2: Soco gancho – bloqueio tesoura

Passo 3: Soco gancho – bloqueio tesoura

Cotovelo para trás – soco na postura abaixada – cotovelo para trás – soco lateral

Técnica

Combinação 3: Cotovelo para trás – soco na postura abaixada – cotovelo para trás – soco lateral

Aplicação

1. O Branco ataca o Preto com uma pegada lateral de punho que permite desequilibrar o Preto ou evitar que ele escape da sequência de ataques.

2. O Preto utiliza o cotovelo para trás, na posição agachada, como defesa contra a pegada do Branco, pisando para trás, soltando o peso do corpo e puxando o braço em direção ao quadril. Esses movimentos, quando executados ao mesmo tempo, dão ao Preto a força de desequilibrar o Branco e colocá-lo em seu contra-ataque.

3. Uma vez que o Branco está em desequilíbrio, o Preto aplica o soco da postura agachada para livrar seu punho. A força do soco age contra a parte mais fraca do aperto do Branco, ou seja, a área de junção do polegar com os dedos.

4. O Preto aplica o golpe com o cotovelo para trás no lado oposto para puxar o Branco para seu quadril e desequilibrá-lo novamente. Observe que a posição do braço do Preto sobre o Branco resulta em uma chave de cotovelo no braço do Branco.

Passos 1 e 2: Cotovelo para trás – soco na postura abaixada – cotovelo para trás – soco lateral

5. O Preto finaliza a combinação com o uso do soco lateral para jogar o Branco para o lado e desequilibrá-lo completamente. Observe que a posição das mãos do Preto durante o soco lateral trava o braço do Branco e dá ao Preto controle sobre ele. O Preto pode atacar o Branco em qualquer uma de suas áreas que agora estão vulneráveis, ou pode simplesmente girar seu quadril e jogar o Branco ao chão.

Técnicas de Imobilização do Taekwondo

Passos 3 e 4: Cotovelo para trás – soco na postura abaixada – cotovelo para trás – soco lateral

Passo 5: Cotovelo para trás – soco na postura abaixada – cotovelo para trás – soco lateral

Cotovelo para trás – soco apoiado

Técnica

Combinação 4: Cotovelo para trás – soco apoiado

Aplicação

1. O Branco ataca o Preto com uma pegada cruzada de punho. O perigo desse ataque para o Preto é que o Branco pode utilizá-lo para virar o seu ombro, dando-lhe acesso às suas costas.

2. O Preto se defende do ataque por meio da preparação do golpe com o cotovelo para trás para prender a mão de ataque do Branco e aplicar pressão sobre seu punho.

3. Com o punho do Branco travado, o Preto aumenta a pressão na chave de punho e traz suas mãos em direção ao quadril na fase de execução do golpe com o cotovelo para trás.

4. O Preto completa a técnica ao aplicar o soco de apoio para, rapidamente, torcer o punho do Branco. Observe que a chave de punho mostrada com o soco de apoio como técnica de finalização resulta em grande dano ao punho do oponente.

Passos 1 e 2: Cotovelo para trás – soco apoiado

Passos 3 e 4: Cotovelo para trás – soco apoiado

Bloqueio em "C" – dois cotovelos para trás

Técnica

Combinação 5: Bloqueio em "C" – dois cotovelos para trás

Aplicação

1. O Branco ataca o Preto com uma pegada cruzada de punho. Além de virar o Preto, ele também pode utilizar esse ataque para puxar o braço do Preto sobre seu corpo e se colocar por trás dele com o uso de uma técnica chamada de arrasto de braço.

2. O Preto balança seu braço para a posição do bloqueio em "C", enquanto dá um passo e gira para trás para posicionar seu quadril na técnica. O resultado é que as costelas do Branco ficam expostas e o Preto consegue prender a faixa do Branco, controlando o quadril dele.

3. O Preto utiliza a perda temporária de equilíbrio do Branco e a faixa presa para puxar o Branco para a frente de forma a

agarrar suas costas. O Preto também consegue agarrar as lapelas do Branco, com uma mão ligeiramente acima da outra.

4. O Preto faz o movimento com os dois cotovelos para trás para puxar a lapela do Branco ao redor de sua garganta em forma de tesoura, e obtém como resultado uma técnica de asfixia.

Passos 1 e 2: Bloqueio em "C" – dois cotovelos para trás

Passos 3 e 4: Bloqueio em "C" – dois cotovelos para trás

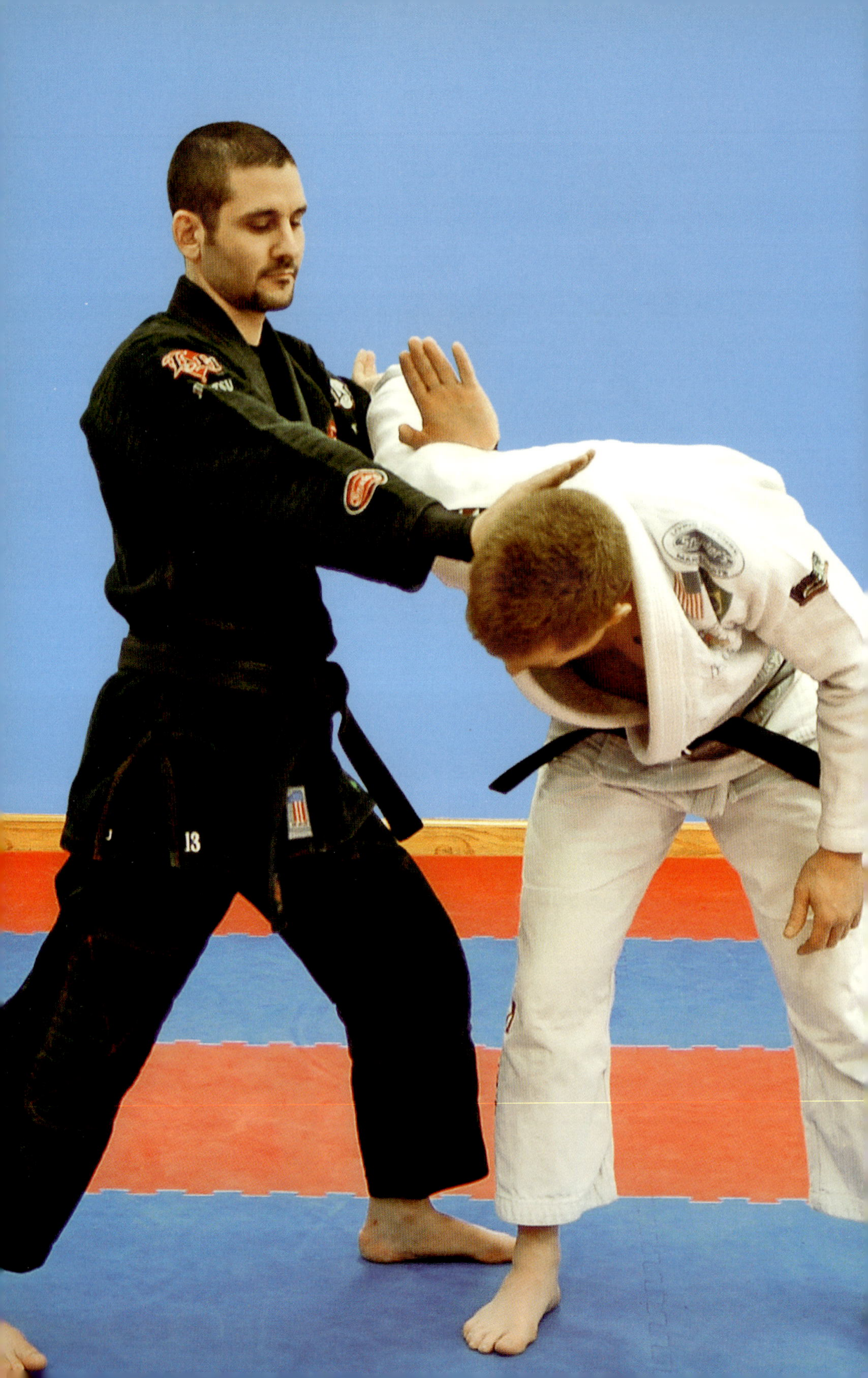

CAPÍTULO 15

Ge-Baek

Ge-Baek é o 12º estilo no currículo do taekwondo e, tipicamente, o último estilo exigido para a categoria faixa preta 1º grau. Ge-Baek foi um General do Exército Baekche do século VII, mais conhecido pela defesa contra os ataques combinados das Dinastias Silla e Dang, em 660. Ele foi capaz de organizar um exército de 500 soldados para uma batalha para a qual sabia estar em desvantagem numérica e com pouca chance de vencer. Mesmo sabendo disso, ele não hesitou em se colocar na luta para defender seu país. Antes da batalha ele declarou: "Prefiro morrer a ser um escravo de meu inimigo", e prosseguiu matando sua esposa e filhos para evitar que caíssem nas mãos do inimigo. Apesar de vencer quatro batalhas menores, finalmente ficou acuado e em desvantagem numérica de 10 por 1; seus soldados lutaram bravamente, mas foram derrotados; durante a batalha, Ge-Baek foi morto em combate, e em defesa de Baekche.

O estilo Ge-Baek é executado em linha reta em reconhecimento à sua lealdade constante e à austera disciplina militar. Os 44 movimentos do estilo Ge-Baek introduzem muitas técnicas novas ao praticante de taekwondo. Elas incluem o chute em torção, o bloqueio duplo alto com o arco da mão, o bloqueio em forma de "9" e o uso amplo de combinações de posturas abaixadas e técnicas de bloqueio.

Bloqueio alto – bloqueio descendente – bloqueio alto com a mão em arco

Técnica

Combinação 1: Bloqueio alto – bloqueio descendente – bloqueio alto com a mão em arco

Aplicação

1. O Branco ataca o Preto com uma pegada lateral de punho. Com esse ataque, ele pode puxar o braço do Preto sobre seu corpo para um arrasto de braço, de forma que o Branco pode alcançar as costas do Preto. O Branco é capaz de evitar que o Preto escape, caso decida atacá-lo.

2. O Preto quebra a pegada do Branco sobre seu punho com a execução de um bloqueio alto contra o ataque, enfraquecendo a pegada do Branco e dando ao Preto a oportunidade de contra-atacar.

3. Uma vez que enfraquece a pegada do Branco com o bloqueio alto, o Preto utiliza o bloqueio descendente para libertar-se

completamente do ataque, atacando o ponto franco da pegada, a união do polegar com os dedos.

4. Com o Branco puxado para a frente e desequilibrado, o Preto executa um bloqueio alto com a mão em arco como técnica de chave no ombro do Branco, enquanto empurra sua cabeça para controlar seu movimento. Dessa posição, o Preto pode executar uma técnica de chave mais agressiva ou pode simplesmente atacar e escapar.

Passos 1 e 2: Bloqueio alto – bloqueio descendente – bloqueio alto com a mão em arco

Passos 3 e 4: Bloqueio alto – bloqueio descendente – bloqueio alto com a mão em arco

Palma da mão ascendente – soco na posição abaixada – dorso do punho descendente

Técnica

Combinação 2: Palma da mão ascendente – soco na posição abaixada – dorso do punho descendente

Aplicação

1. O Branco ataca o Preto com uma pegada lateral de lapela. Com esse ataque, ele pode tentar empurrar o Preto para trás de forma que ele perca o equilíbrio e caia ao chão. Contudo, o melhor uso desse ataque é para o Branco evitar que o Preto escape quando decidir atacá-lo.

2. O Preto rebate o ataque por meio do golpe ascendente com a palma da mão como forma de agarrar a lapela que está dentro do cotovelo de ataque do Branco. Ao fazer isso, o Preto trava

levemente o punho do Branco e também diminui muito a vantagem do Branco, ficando em boa posição para contra-atacar.

3. O Preto aplica o soco da posição abaixada como outra forma de agarrar a lapela oposta do Branco. Observe como o braço do Branco fica torcido por causa da ação do quadril do Preto.

4. Com o braço do Branco forçado fora de posição e distante de seu corpo, o Preto vira para o braço do Branco e o ataca utilizando o dorso do punho descendente e a mão de apoio como chave de ombro para desequilibrar o Branco e levá-lo ao chão.

Passos 1 e 2: Palma da mão ascendente – soco na posição abaixada – dorso do punho descendente

Passos 3 e 4: Palma da mão ascendente – soco na posição abaixada – dorso do punho descendente

Soco alto com as duas mãos – bloqueio alto com a mão em arco – soco virado

Técnica

Combinação 3: Soco alto com as duas mãos – bloqueio alto com a mão em arco – soco virado

Aplicação

1. O Preto aplica o soco alto com as duas mãos como uma técnica de desequilíbrio. Ao empurrar para a frente, o Preto força o Branco para trás e dificulta a montagem de um contra-ataque.

2. Uma vez desequilibrado, o Preto utiliza o bloqueio com a mão em arco para girar o corpo do Branco e forçá-lo a uma posição em que seu peso fique sobre uma perna só.

3. Com o corpo do Branco torcido e desequilibrado, o Preto finaliza a combinação aplicando um soco virado para virar o Branco rapidamente na direção oposta e executar a queda.

250 Técnicas de Imobilização do Taekwondo

Passo 1: Soco alto com as duas mãos – bloqueio alto com a mão em arco – soco virado

Passos 2 e 3: Soco alto com as duas mãos – bloqueio alto com a mão em arco – soco virado

Bloqueio em "9" – bloqueio duplo baixo com o dorso da mão aberto (variação A)

Técnica

Combinação 4: Bloqueio em "9" – bloqueio duplo baixo com o dorso da mão aberto (variação A)

Aplicação

1. O Preto ataca o Branco com uma pegada lateral de punho. Ao fazer isso, ele está pronto para afetar o ângulo em que ele encara o Branco; desse modo permite que ataque o Branco, enquanto evita as armas de contra-ataque do Branco.

2. O Preto utiliza a natureza circular do bloqueio em "9" para travar o ombro do Branco. Isso é feito com o movimento do braço por cima e ao redor do Branco, até que a palma da mão atinja o peito. O movimento completo do bloqueio em "9" vai desequilibrar ainda mais o Branco.

3. Uma vez que o bloqueio em "9" foi utilizado para desequilibrar o Branco, o Preto começa a executar o bloqueio duplo baixo com o dorso da mão aberto.

4. Executando o bloqueio duplo baixo com o dorso da mão aberto, o Preto quebra completamente o equilíbrio do Branco para trás e o joga ao chão, puxando com os dois braços diagonalmente para baixo.

Passos 1 e 2 - Bloqueio em "9" – bloqueio duplo baixo com o dorso da mão aberto (variação A)

Passos 3 e 4 - Bloqueio em "9" – bloqueio duplo baixo com o dorso da mão aberto (variação A)

Bloqueio em "9" – bloqueio duplo baixo com o dorso da mão aberto (variação B)

Técnica

Combinação 4: Bloqueio em "9" – bloqueio duplo baixo com o dorso da mão aberto (variação B)

Aplicação

1. Em outra aplicação dessa combinação, o Preto ataca o Branco com uma pegada dupla de lapela, colocando uma das mãos um pouco acima da outra. Esse ataque comum de imobilização permite que o Preto entre com técnicas de queda e asfixia.

2. O Preto utiliza a pegada de lapela para empurrar rapidamente a cabeça do Branco para baixo. O Preto utiliza a mão de cima para segurar o quimono do Branco por baixo do pescoço, ao mesmo tempo em que o empurra para baixo. Na visão alternativa, você pode ver que o agarramento da lapela combinado com o movimento de pressão descendente e o *looping* do quimono criam um laço ao redor do pescoço do Branco.

3. Com o Branco bem preso na asfixia, o Preto pode facilmente dar um passo para trás e passar para o bloqueio duplo baixo com o dorso da mão aberto. Dessa posição, o Preto pode finalizar a asfixia ou soltar e escapar.

Passo 1: Bloqueio em "9" – bloqueio duplo baixo com o dorso da mão aberto (variação B)

Passo 2: Bloqueio em "9" – bloqueio duplo baixo com o dorso da mão aberto (variação B)

Passo 3: Bloqueio em "9" – bloqueio duplo baixo com o dorso da mão aberto (variação B)

Leitura Recomendada

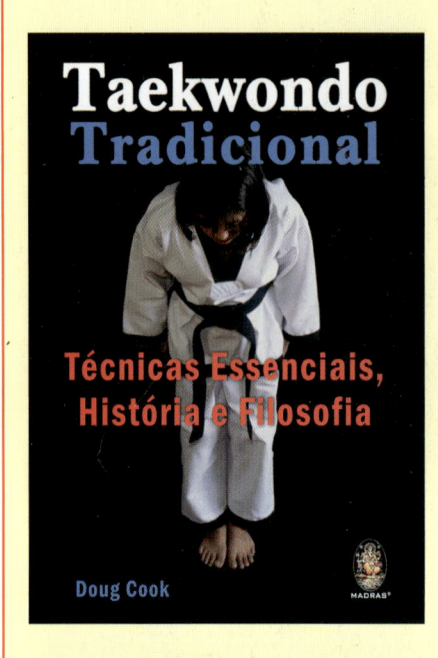

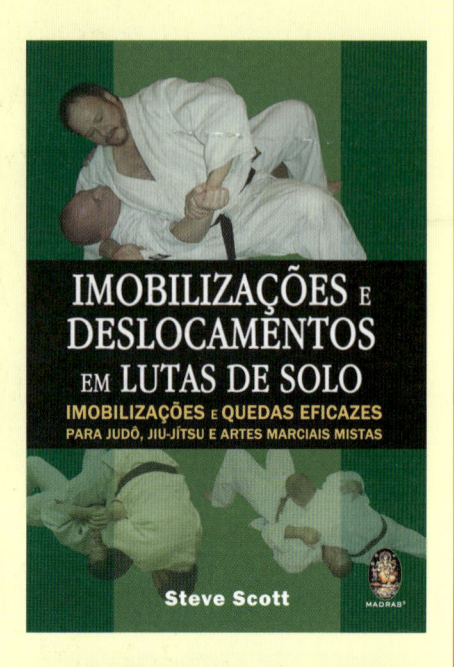

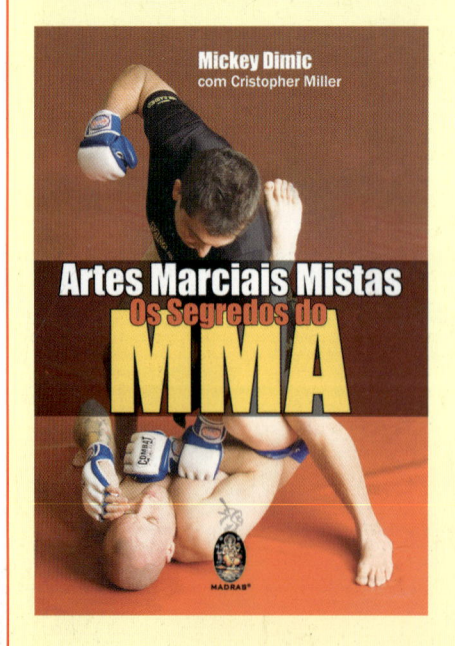

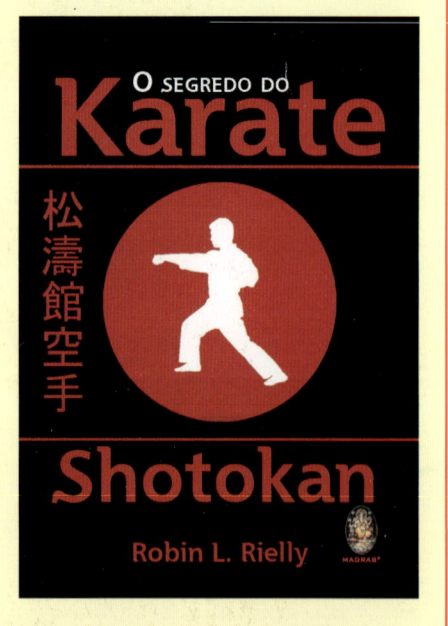

Taekwondo Tradicional
Técnicas Essenciais, História e Filosofia
Doug Cook

Imobilizações e Deslocamentos em Lutas de Solo
Imobilizações e Quedas Eficazes para Judô, Jiu-Jítsu e Artes Marciais Mistas
Steve Scott

Artes Marciais Mistas — Os Segredos do MMA
Mickey Dimic com Cristopher Miller

O Segredo do Karate Shotokan
Robin L. Rielly

www.madras.com.br